역사 컬렉터, 탐정이 되다

박건호 지음

역사 컬렉터, 탐정이 되다

빛바랜 물건으로 추적한 한국근현대사

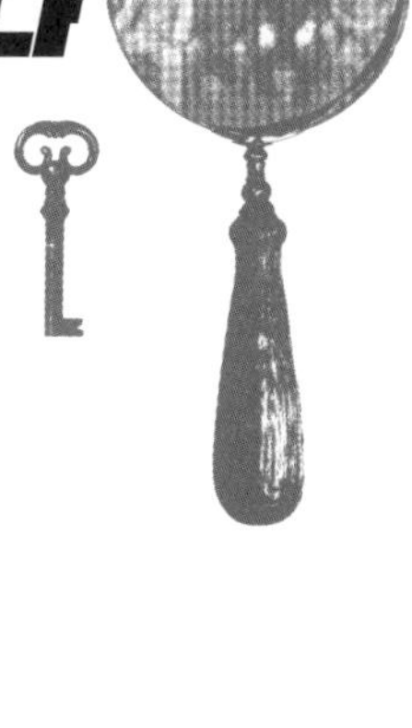

책을 펴내며

> 골동품 전문 수집가인 저자가 그동안 모았던 컬렉션을 바탕으로 여러 옛 물건의 숨겨진 가치를 재발견하는 이야기다. 저자의 감식안이 없었다면 독자에게 전해지지 못했을 생생한 역사, 문화, 예술 이야기가 담겼다. 아는 만큼 보이는 골동품 수집의 세계에 친절한 입문서가 되어줄 것이다.

2020년 필자의 첫 책《컬렉터, 역사를 수집하다》가 출간된 직후 올라온 어느 독자의 서평이다. 좋은 평가에 흐뭇하면서도 나는 이 독자가 쓴 '골동품 전문 수집가'라는 표현이 영 마음에 걸렸다. 오랫동안 수집을 해오면서 스스로를 골동품 수집가라고 생각해본 적이 한 번도 없기 때문이다.

골동품의 사전적 정의는 '오래되었거나 희귀한 옛 물품' 또는 '오래되고 예술적 가치도 높아 수집이나 감상의 대상이 되는 물품'

이다. 그런데 내가 수집한 자료들이 골동품이었던가? 오래된 것도 있지만, 그렇지 않은 것들이 더 많다. 게다가 나의 가장 중요한 수집 기준은 역사적 가치이지, 희귀성과 예술적 가치는 그다음 문제였다. 내가 수집한 1970년대 채변 봉투만 해도 그렇다. 이 채변 봉투는 그리 오래된 것도 아닐뿐더러 예술적 가치는 찾아볼 수조차 없다. 이런 걸 누가 '골동품'이라고 하겠는가? 그런데도 내가 몇천 원을 들여 수집한 것은 이 봉투에 1970년대 당시 우리나라의 보건위생과 관련된 생활사가 담겨 있기 때문이다.

어떤 사람들은 오래 타던 자동차를 폐차시키면서 그 아쉬움을 SNS에 올리곤 한다. 이제는 쓸모없어 곧 고철 덩어리가 될 차를 떠나보내며 사람들은 왜 상념에 잠기는 걸까? 마치 조선시대 유씨 부인이 부러진 바늘을 기리며 썼다는 〈조침문(弔針文)〉처럼 그들도 '조차문(弔車文)'을 쓰며 자동차에 얽힌 소중한 추억을 되새기는 것일 테다. 또, 한 TV 프로그램에 출연한 40년간 낙지볶음 장사를 해온 식당 주인은 도마와 냄비를 보여주며 이렇게 말한다. "이게 40년 된 도마입니다. 처음 장사 시작할 때부터 사용한 것이죠. 이 양은 냄비도 그래요. 그런데 이걸 버릴 수가 없어요. 이게 지난 40년간 제 가족을 먹여 살렸잖아요." 식당 주인에게 낡은 도마와 찌그러진 양은 냄비는 단순히 낡고 볼품없는 물건이 아니었을 테다. 그 오래된 기물들은 오늘날 자신과 가족을 있게 한 삶의 기록이며 그것 자체가 역사이다. 옛 물건의 가치는 단순히 오래된 정도나 예술성에만 있는 것이 아니다. 그것보다는 그 속에 살아있는 삶의 땀방울과 소중한 추억과 역사가 더 중요하다. 어찌 보면 충무로 식당 주인에게는 명품 도자기보다 찌그러진 양은 냄비가 더 소중할지도 모를 일이다.

내가 수집하는 옛 물건과 자료 들도 그렇다. 단순히 오래된 물건 혹은 예술적 가치만 주목했다면 그것은 골동품에 머물렀을 것이다. 나는 오히려 그 속에 들어있는 웅숭깊은 이야기와 역사에 더 주목하고 싶었다. 이런 이유로 나를 '골동품 수집가'로 정의한 독자의 서평을 보며 나는 당황할 수밖에 없었던 것이다. 나는 '골동품 수집가'보다는 '역사 컬렉터'로 불리기를 원한다. 이것만이 내 정체성을 가장 잘 표현해주는 말이라 생각하기 때문이다.

전작에 대해 많은 분이 색다른 역사 서술이라며 칭찬과 격려를 해주셨다. 나는 글쓰기 공부를 따로 한 적이 없다. 그런데 내 역사 서술 방식에 다소 새로운 면이 있다면 그것은 전적으로 내가 수집한 자료들이 가진 생명력 때문이다. 요리사가 좋은 식재료를 쓰는 것만으로 훌륭한 요리를 만들어낼 수 있는 것처럼 나 역시 운 좋게 발견한 좋은 자료들 덕을 톡톡히 본 것이다. 그나마 내게 남들보다 조금 나은 능력이 있었다면 그건 바로 세런디피티(serendipity), 즉 의도적으로 연구하지 않고도 숨겨진 것을 찾아내는 능력일 것이다.

내가 흥미진진한 자료를 불러내어 손가락으로 툭 건드리면, 잠자던 그 자료는 다시 살아 숨 쉬며 자신이 가진 이야기의 힘을 뿜어낸다. 그리하여 요리사인 나는 많은 수식어를 써서 애써 기교를 부리거나, 지나치게 어깨에 힘을 줄 필요가 없다. 자료 자체가 발산하는 오라(aura)가 스스로 독특하고도 흥미로운 맛과 향을 만들어내는 것이다.

그리고 무엇보다 내 글이 다른 역사서에 비해 다소 흥미로웠던 점이 있다면 수집한 자료 너머에 '사람'이 있었기 때문이다. 옛 자료들 속에는 응당 사람의 이야기가 담겨 있다. 수집한 자료를 가만히 보고 있으면 그 속에 있는 사람들이 자신들의 이야기를 꼭 남겨달라는 애타는 부탁이 들린다. 아니, 어쩌면 절규일지도 모른다. 역사의 그늘과 고통, 비극 속에서도 희망과 낙관을 잃지 않았던 그들은 자신들의 이야기가 쉽게 망각되거나 부정당하는 것을 결코 원하지 않았다. 그러므로 자료를 수집하고 글을 쓰는 나는 자료 속 그들의 의지이며, 원하든 원치 않든 그들의 변호인이 될 수밖에 없는 처지가 되었다. 이왕 이렇게 된 것, 부여받은 소명 그대로 나는 옛 자료 속 사람들의 삶을 따뜻하게 복원하고 또 위로하는 사람이 되고 싶다. 나는 계속해서 역사자료를 수집해 그 속에 담긴 사람들의 이야기를 세상에 대신 전해주는 우아한 컬렉터가 되고 싶다.

《컬렉터, 역사를 수집하다》 이후 2년 반 만에 《역사 컬렉터, 탐정이 되다》를 내게 되었다. 부제는 '빛바랜 물건으로 추적한 한국근현대사'라고 달았다. 이 책은 전작에 비해 시대를 조금 앞당겼다. 전작이 독립문이 세워진 1890년대부터 유신시대까지 다루었다면 이번 책에서는 조선 후기까지 범위를 앞으로 조금 더 넓혔다. 노비 갑덕 이야기가 대표적이다. 한편으로 이 책에서는 역사를 더 깊게 다루고자 했다. 여기서 '더 깊게' 역사를 다루었다는 것은 수집한 역사자료에 대한 탐구과정이 전작에 비해 세밀해졌다는 의미이다.

내가 수집한 자료에서 역사를 찾고 읽어가는 방식은 탐정이 범인을 잡기 위해 사건을 파헤치고 진실에 접근하는 과정과 유사하다. 따지고 보면 방식뿐만 아니라 탐정의 일이나 내 일이나 별반 다를 바가 없다. 역사자료에 대한 탐구와 의문점을 해결하는 것은 역사 컬렉터가 갖추어야 할 가장 기본적인 자세이기 때문이다. 나는 새로운 자료를 탐구하고 해석할 때 항상 시대의 맥락 속에서 파악하려고 노력한다. 그 자료를 남긴 사람이 언제, 어떤 환경에서, 어떤 목적으로, 왜 하필 그런 방식으로 자료를 남겼는지 주의를 기울인다. 그래야만 그 자료와 그 시대와 그 속의 사람들과 깊게 교감할 수 있기 때문이다. 이 책은 이런 과정을 더 세세히 담고자 했다.

이 책 속 열 편의 이야기는 가장 사적인 동시에 공적이고, 가장 미시적인 동시에 거시적인 이야기들이다. 일면 모순적인 이야기로 들릴 수도 있겠으나 전체에 하나가 속해있고, 하나에 전체가 들어있기 때문이다. 나는 천성적으로 추상적 개념으로 역사를 설명하는 것을 좋아하지 않는다. 조선시대 양반이라고 모두 같은 양반은 아니며, 노비라고 해서 모두 같은 노비가 아니다. 역사의 구조를 무시하는 것은 아니지만, 그것만큼 역사 속 개인들이 가진 개별성을 중요하게 생각한다. 그리하여 추상적 구조 뒤에 가려진 개개인의 삶을 찾는 일에 관심을 쏟았다. 구조가 과거의 모든 역사를 설명할 수 없고, 구조가 사람 그 자체일 수는 없다.

이번 책에서 나는 독자들에게 역사자료를 전지적 관점에서 설명하는 대신, 그 자료들이 가진 흥미진진한 이야기를 독자와 동행하며 찾아가고자 했다. 결론을 선언적으로 제시하기보다 그것을 도출하는 역사학적 사고의 과정이 중요하고, 따라서 그 과정 자체를 독자와 함께 나누고 싶었기 때문이다. 그런데 사실대로 고백하자면 그럴 수밖에 없는 사정도 있었다. 역사자료를 다루면서 그것이 담고 있는 정확한 진실에 대해 자신 있게 단정할 수 없는 근원적 한계가 늘 나를 괴롭혔기 때문이다. 나 역시 주어진 단편적인 역사자료 앞에서 전지전능한 신이 아니라 불완전한 한 인간에 불과하며, 시간과 역사라는 절대자 앞에서는 독자들과 별반 다를 바 없는 처지이기 때문이다.

그럼에도 나는 독자들과 함께 자료가 가진 역사성을 찾아가는 과정 자체가 즐거웠다. 그리고 비밀스러운 역사를 하나하나 탐구하고 발견해나가는 과정 자체를 글로 옮겼다. 영화로 치면 '로드무비' 정도쯤 되겠다. 그래서 이 책이 비록 역사책이라 하더라도 그리 어렵지 않고 덜 지루할 것이다. 그냥 필자와 독자가 함께 궁금증들을 하나씩 해결해가는 여행길을 떠난다는 가벼운 마음으로 출발하시면 되겠다. 다루는 주제들은 비록 무거운 내용이 많겠지만, 이 여행의 발걸음만은 가벼웠으면 한다.

수집은 항상 나에게 즐거움이다. 새로운 자료를 만나면 진정되지 않는 호기심이 내 마음에 일렁인다. 자료가 들려주는 이야기를 빠짐없이 포착하고 말겠다는 예민한 귀, 의심과 날카로운 감각에 가득 찬 사냥꾼 같은 눈, 이리저리 관찰하고 어둠 속까지도 파헤쳐 보게 하는 호기심이 나를 긴장시키면서도 행복감을 느끼게 해주었다. 수집이 좋고 그 수집한 자료 속 역사가 좋았던 나는 어느 미국 학자의 말처럼 "역사는 너무나 중요하기에 역사가들에게만 맡겨둘 수 없"어서 감히 두 번째 책을 써서 세상에 내놓는다. 첫 책처럼 이번 책도 두렵고 설레기는 마찬가지다. 부디 독자들께서도 이 책을 읽으면서 수집의 즐거움과 함께 '진정되지 않는 호기심'을 조금이라도 간접 체험해보기를, 그리고 한 걸음 더 나아가 자료 너머에 있는 사람들을 만나서 그들이 살았던 시대와 그들의 삶에 대해서도 공감해보기를 바란다.

마지막으로 난삽한 원고가 어엿한 책 모양을 갖추기까지 공들여준 휴머니스트 출판사 편집부 여러분들과 한자 해독에 늘 도움을 주는 친구 임채명 선생, 탐정 이미지 컷을 보기 좋게 디자인해준 영원한 제자 세인이, 곳곳에서 나의 수집과 집필에 지지와 응원을 보내주고 있는 지인들, 그리고 누구보다도 나를 아끼고 사랑해주는 가족에게 고마움을 전한다.

2023년 1월

다시 힘찬 한 해를 시작하며

박건호

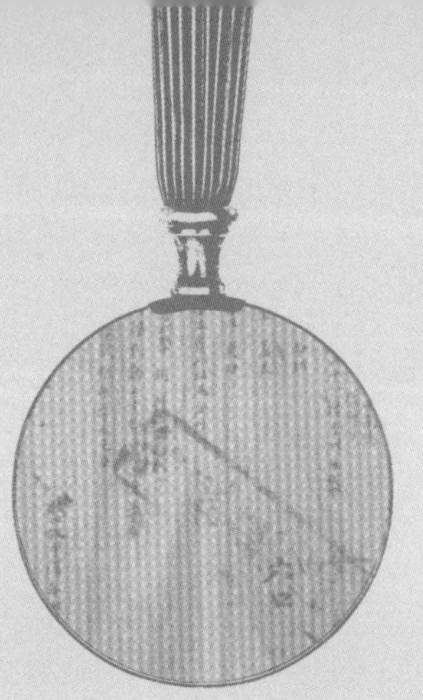

차례

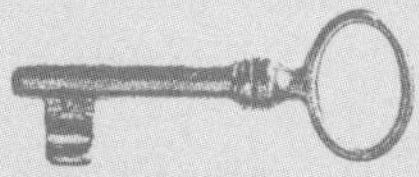

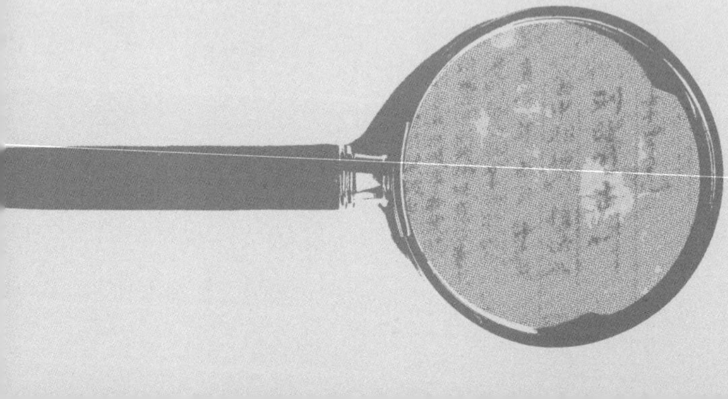

#1 죽지 않는 노파,
갑덕의 비밀

신분제가 무너지던 시대의 초상

하동 류씨 가문의 호구단자와 호적표

1729~1898년, 각 49.7×31.3, 55.7×32.5, 26.6×33.4cm, 박건호 소장.

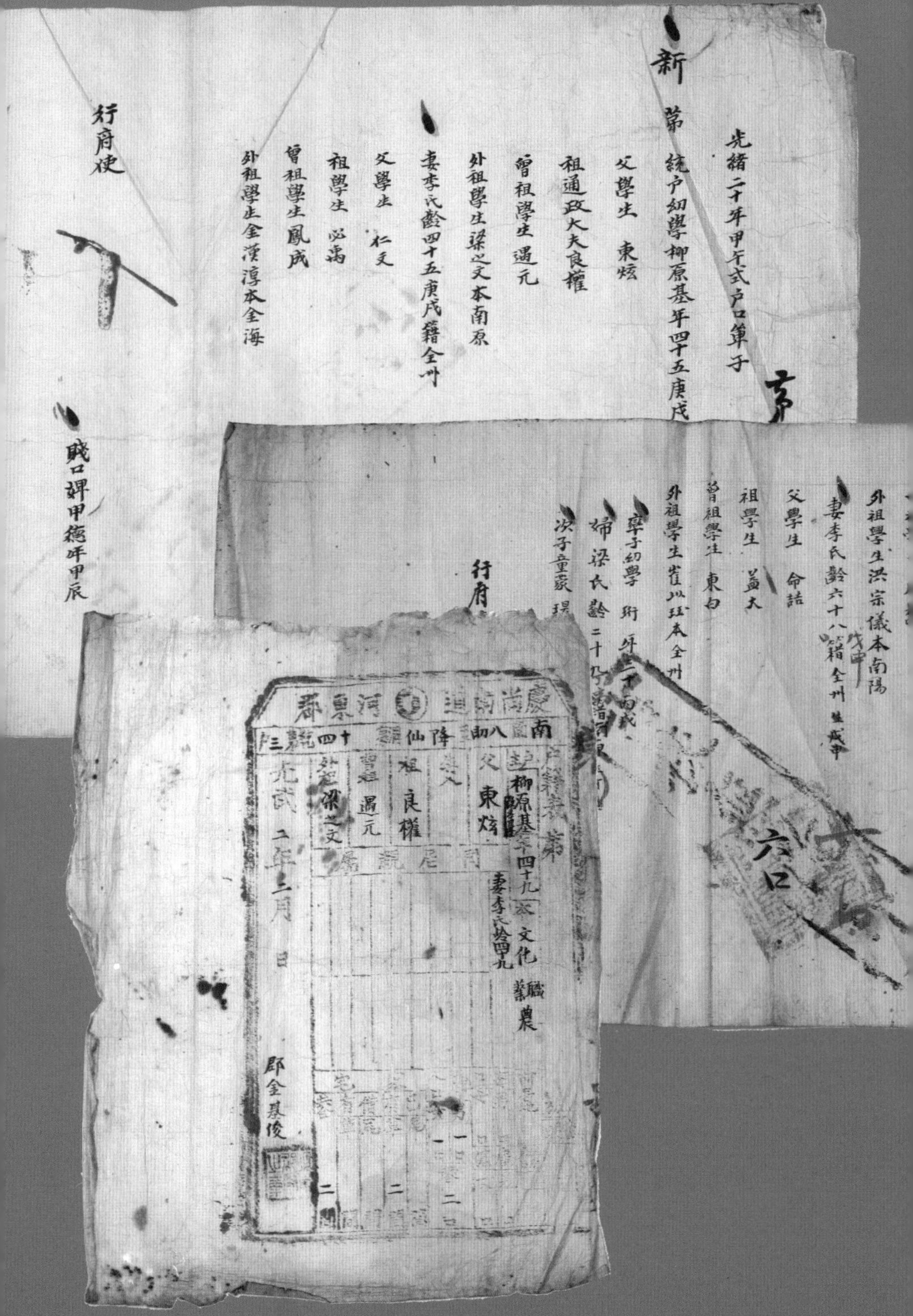
光緖二十年甲午式戶口單子
新
第 統戶幼學柳原基年四十五庚戌
父學生 東炫
祖通政大夫良權
曾祖學生 遇元
外祖學生梁之文本南原
妻李氏齡四十五庚戌籍全州
父學生 仁文
祖學生 必禹
曾祖學生 鳳成
外祖學生全漢淳本全海
行府使
賤口婢甲德年甲辰

外祖學生洪宗儀本南陽
妻李氏齡六十八籍全州 生戊申
父學生 命詰
祖學生 益大
曾祖學生 東白
外祖學生崔以珏本全州
率子幼學 珩 年二十 丙戌
婦梁氏齡二十
次子童蒙 璟
行府
六口

慶尙南道 河東郡
南面八助 降仙洞 十四統三戶
戶籍表 第
戶主 柳原基 年四十九
父 東炫
祖 良權
曾祖 遇元
外祖 梁之文
妻李氏 年四十九 本文化
職業 農
光武二年三月 日
郡守金基俊

약 170년 동안 작성된 총 열 장의 호구단자에 한 집안의 내력뿐만 아니라 조선 후기의 역사가 고스란히 담겨 있다. 호적에는 수십 명의 이름이 새롭게 등장했다가 오래지 않아 종적을 감추는데, 이상하게도 맨 처음과 마지막 장을 제외한 모든 문서에서 빠짐없이 발견되는 인물이 한 명 있었다. 바로 당시로는 상상하기 어려운 나이였을 111세 노파 '갑덕'. 과연 이 여인의 정체는 무엇이었을까?

달아나버린 문서

두고두고 아쉬운 수집품이 하나 있다. 2020년 5월 나는 온라인 경매에서 흥미로운 노비 문서를 낙찰받았다. 1884년 이기석이란 인물이 세금을 낼 길이 없어 자신의 노비 순절과 연월을 김응수에게 팔면서 작성한 것이다. 그런데 내가 이 문서에 주목한 이유는 다름이 아니라 문서 말미에 적어놓은 특이한 약정 사항 때문이었다.

此亦中三年內若有逃躱是去等本價還給事

가운데의 '逃躱(도타)'는 '몰래 도망쳐서 숨어버린다'라는 뜻이다. 한마디로 자신에게서 산 노비가 3년 내에 도망을 치면 받은 돈을 돌려주겠다는 내용이다. 당시 노비가 도망가는 일이 얼마나 빈번했는지 짐작게 한다. 많은 노비 문서를 봐왔지만 이런 내용은 처

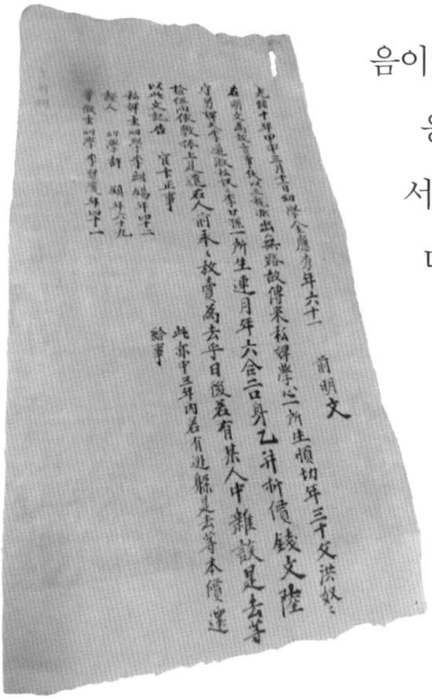

이기석과 김응수 간에 거래된 노비 문서

음이었다.

응찰하는 이가 아무도 없어 나는 이 문서를 시작가 십만 원에 낙찰받을 수 있었다. 그런데 며칠 뒤 판매자에게서 연락이 왔다. 문서를 어디에 두었는지 도저히 찾을 수가 없어 돈을 환불해주겠다는 것이다. 충분히 이해되는 바였다. 나 역시 수집품 더미 속에서 찾으려던 자료를 찾지 못한 경우가 여러 번 있었기 때문이다. 결국 노비가 아닌 문서가 도타했고, 노비를 사들인 김응수가 아니라 이 문서를 구입한 내가 돈을 환불받은 꼴이 되고 말았다.

큰 아쉬움으로 남은 이 문서는 신분제가 급격히 무너지고 있었던 1880년대 조선 사회의 단면을 보여준다는 점에서 흥미로운 자료임이 분명했다. 1801년(순조 1) 공노비 6만 6,000여 명이 해방되고, 1886년(고종 23) '사가노비절목(私家奴婢節目)' 제정으로 노비 세습제가 폐지된 데 이어, 1894년 갑오개혁 때 결국 노비제도가 사라지며 신분제는 공식적으로 철폐되었다. 역사적인 변화의 한복판에서 세금 낼 돈이 부족했던 이기석은 자신이 파는 노비는 절대 도망가지 않을 거라고, 만약 도망가면 돈을 물어주겠다는 약속까지 하며 김응수와 거래했던 것이다.

류씨 집안의 사라지지 않는 영혼

2022년 6월 말 나는 온라인 경매를 통해 이기석과 김응수 사이에 오고 간 노비 매매 문서만큼이나 흥미로운 호구단자 열 장을 수집했다. 경상도 하동에 살던 류씨 집안의 호적 자료인데, 1729년부터 1898년까지 약 170년간에 걸쳐 작성된 문서다. 바로 신분제가 폐지되는 1894년을 관통한다. 방금 본 1884년의 노비 매매 문서와 시대적 배경을 같이하는 것이다.

류우원(柳遇元)-류양권(柳良權)-류동현(柳東炫)-류원기(柳原基)로 이어지는 이 집안의 특징은 4대가 모두 개명을 하고 있다는 점이다. 조선시대엔 과거 합격이나 장수 등을 기원하는 뜻에서 이름을 바꾸는 경우가 많았다. 이 집안은 특히 자손이 귀했기 때문에 대를 이을 아들을 낳기 위해 대대로 개명했던 것으로 보인다.

내가 이 호구단자를 수집한 가장 중요한 이유는 처음과 마지막을 제외한 모든 호구단자에 '갑덕(甲德)'이라는 이름의 여자 종이 꾸준히 등장하기 때문이었다. 문서상 갑덕은 류양권부터 류동현, 류원기까지 3대에 걸쳐 세습되고 있었다.

노비 갑덕을 처음 만난 것은 1894년 호구단자에서였다. 당시 그녀는 류원기 집에 딸려 살았으며 '갑진년생'이라는 출생년 간지만 간단히 기록되어 있었다. 1894년 이전의 갑진년은 1844년과 1784년이 있는데, 둘 중 갑덕은 1844년에 태어났다고 생각하는 것이 합리적일 것이다. 그래야 1894년 당시 갑덕의 나이가 51세로 조선시

류씨 집안의 호구단자 열 장

류우원이 주호로 등록된 문서는 1729년으로 한 장, 류양권은 1855년, 1858년, 1861년, 1864년으로 네 장, 류동현은 1879년, 1885년으로 두 장, 류원기는 1891년, 1894년, 1898년으로 세 장이다. (박건호 소장)

대 평균 수명을 고려해 적절한 나이가 되기 때문이다. 만약 60년을 더 끌어올리면 무려 111세였다.

그런데 노비 갑덕이 태어난 해는 놀랍게도 1784년이었다. 1894년 당시 111세가 맞다는 이야기다. 이러한 사실은 1894년 이전에 작성된 다른 호구단자들과 비교하는 과정을 통해 확인할 수 있었다. 그녀는 1858년 류양권의 호구단자에 처음 등장하는데, 이때 이미

75세였다. 이후 아들 류동현, 손자 류원기까지 3대에 걸쳐 세습되었고, 어느 순간부터 나이 기록 없이 '갑진년생'으로만 기재됐다.

사실 이 열 장의 문서들은 온라인 경매에 한 묶음이 아니라 낱장 단위로 따로따로 올라온 것이었다. 나는 1894년 이전 문서들에서 갑덕이 이미 70~80대로 기록됐다는 게 아무래도 이상해서 이 집안 호구단자를 죄다 모으기 시작했고, 1894년 한 장의 문서로는 알 수 없던 노비 갑덕의 정체를 다른 문서와 대조해보며 비로소 발견할 수 있었다.

지금부터 내가 수집한 류씨 집안의 호적 자료들을 면밀히 살펴볼 것이다. 다만 1729년부터 1898년까지 약 170년간의 시간 여행을 해야 하므로 계보를 샅샅이 따라가는 일이 만만치 않음을 미리 밝혀둔다. 무엇보다 등장인물이 많은 탓에 열 장의 호구단자를 갑덕의 행방을 중심으로 살피되, 나머지는 이 가문의 가정사와 관련하여 특이한 점만 짚어보려고 한다.

노비 갑덕의 행적을 좇다

류씨 집안의 내력을 살피기에 앞서 호구단자가 무엇인지부터 알아보자. 조선 후기에는 3년에 한 번씩 군현 단위로 관청에서 호적대장을 새로 작성했는데, 호구단자는 그때마다 각 호(戶, 집)의 주호(主戶, 오늘날의 호주와 비슷한 개념)가 자기 호의 인적 사항을 적어서 관에 제출한 문서이다. 호적대장 작성을 위한 첫 단계의 문서라고 할 수 있다. 각 호의 주호는 호구단자에 작성 시기, 주소와 함께 자신과 아내의 4조(四祖, 부·조부·증조부·외조부)를 비롯해 소유하는 노비와 동거인 등 호 구성원 모두의 신분·주호와의 관계·성명·연령·출생년 간지를 기록해 두 통씩 관에 제출해야 했다.

그러면 관청은 호구단자 내용을 이전의 호적과 대조한 뒤에 한 통은 호적을 새로 만들기 위한 용도로 관에서 보관하고, 나머지 한 통은 각 호에 돌려주었다. 그러면 백성들은 돌려받은 호구단자를 자신의 신분이나 노비 소유를 증명하는 자료, 혹은 소송의 자료로 이용했다. 민간에는 지금도 옛 호구단자가 보관되어 있는 경우가 많아, 과거 가족제도나 신분제도를 연구하는 데 귀중한 자료로 쓰이고 있다.

이제 류씨 집안의 호구단자를 살펴보자. 수집한 호구단자 가운데 시기가 가장 이른 1729년 호구단자는 류우원이 주호로서 맨 처음 등장하는데 이 문서엔 노비와 관련된 기록이 없다. 류씨 집안의 호구단자 가운데 노비 관련 기록이 처음 나오는 것은 1729년으로부터 126년이 지난 1855년에 작성된 호구단자이다. 이 문서에는 류양권이 맨 처음 등장하는데 그는 앞서 본 류우원의 아들로 당시 80세였다. 그런데 문서를 유심히 들여다보면 여섯 군데에 붉은 점이 찍혀 있고, 종이 가운데 아래쪽에 '육구(六口)'라고 따로 붉은 글씨가 적혀 있다. 호구단자를 돌려주기 전에 관에서 기재한 것이다. '구(口)'는 사람 수를 세는 단위이다. 즉 이 가호에 거주하는 사람

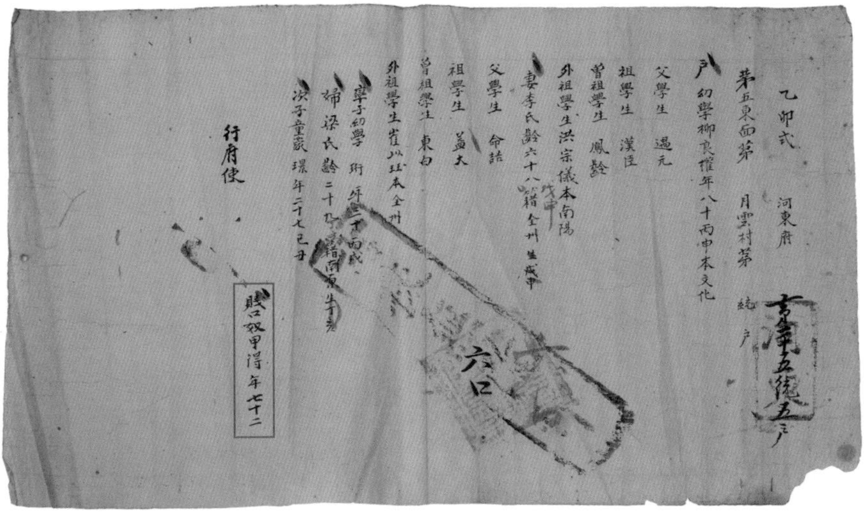

乙卯式 河東府
第五東面第 月雲村第 統 戶
戶 幼學柳良權年八十丙申本文化
父學生 遇元
祖學生 漢臣
曾祖學生 鳳齡
外祖學生洪宗儀本南陽
妻李氏齡六十八籍全州 生戊申
父學生 命詰
祖學生 益大
曾祖學生 東白
外祖學生崔 本全州
率子幼學
婦梁氏齡二十九籍南原
次子童蒙 環年二十七己丑
行府使
六口
賤口奴甲得年七十二

1855년 류양권의 호구단자

가장 오른쪽의 작성 시기(을묘년)와 주소를 시작으로, 주호의 신분 직역(유학), 이름(류양권), 나이(80), 출생년 간지(병신년), 본관이 적혀 있고, 그 옆으로 그의 4조가 나란히 기재되어 있다. 그의 아내[妻] 이씨 역시 나이와 출생년 간지, 본관이 기재된 옆으로 나란히 4조가 적혀 있다. 다음으로는 같이 사는 아들[率子]과 그 부인, 둘째 아들에 관한 정보가 작성되어 있다. 호구단자에는 그 호가 소유하고 있는 노비도 기록했다. 가장 왼쪽에 적혀 있는 '賤口奴甲得年七十二(붉은 테두리 부분)'가 바로 주호 류양권의 72세 노 갑득에 관한 정보다.

이 6명이며, 이 6명이 해당 호의 구성원 통계에 포함되었음을 알려주는 것이다. 이 문서 왼쪽 끝부분에 72세의 '노(奴) 갑득(甲得)'이 보인다. 이렇게 소유한 노비가 한 명인 경우에는 성별에 따라 남자는 단노(單奴), 여자는 단비(單婢)라고 칭하기도 했다.

그런데 이상한 것은 뒤이어 살펴볼 모든 호구단자에는 '노 갑득'이 아니라 같은 나이의 '비(婢) 갑덕(甲德)'이 기록되어 있다는 점이

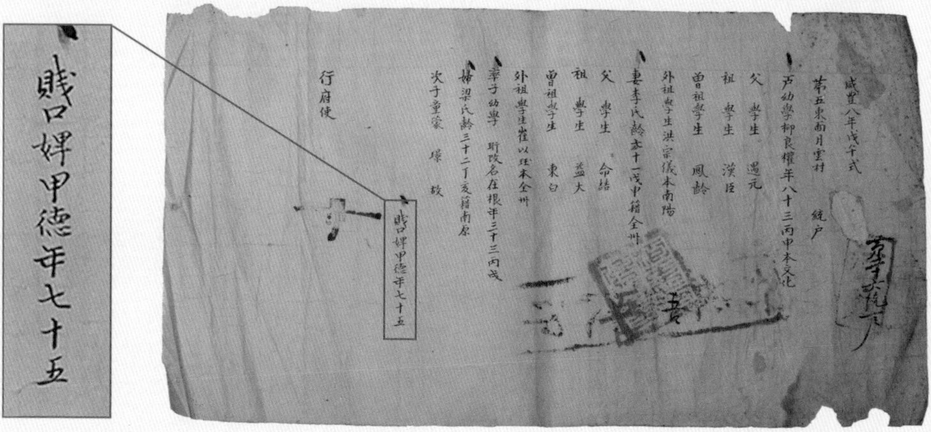

咸豐八年戊午式
第五東面月峯村 統戶
戶幼學柳良權年八十三丙申本文化
父 學生 遇元
祖 學生 漢臣
曾祖學生 鳳齡
外祖學生洪宗儀本南陽
妻李氏齡六十一戊申籍全州
父 學生 命喆
祖 學生 益大
曾祖學生 東白
外祖學生崔以柱本全州
率子幼學 斯陟名在根年三十三丙戌
婦梁氏齡三十二丁亥籍南原
次子童蒙 璟 故
賤口婢甲德年七十五
行府使

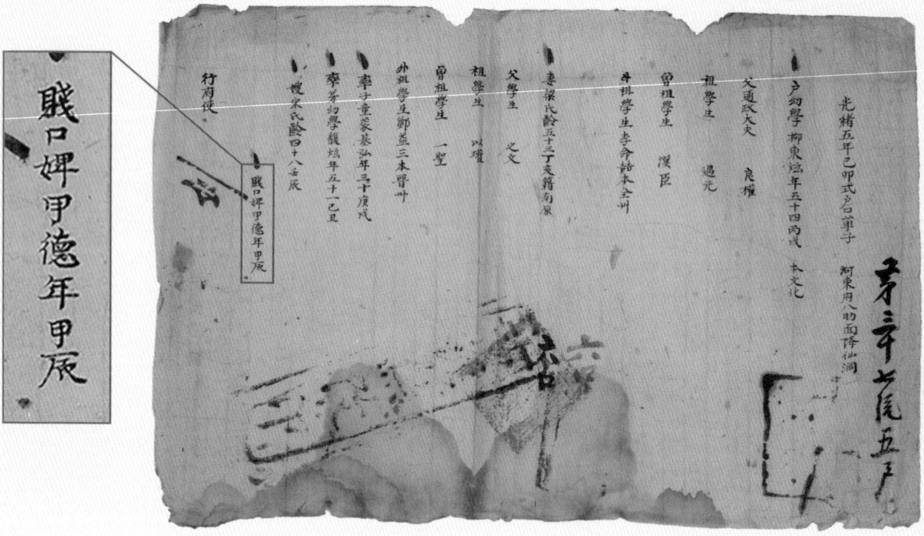

光緖五年己卯式戶單子 河東府八助面降仙洞
戶幼學柳東炫年五十四丙戌 本文化
父通政大夫 良權
祖學生 遇元
曾祖學生 漢臣
外祖學生李命喆本全州
妻梁氏齡五十三丁亥籍南原
父學生 之文
祖學生 以璜
曾祖學生 一聖
外祖學生鄭益三本晉州
率子童蒙泰弘年三十庚戌
率弟幼學龍炫年五十一己丑
嫂宋氏齡四十八壬辰
賤口婢甲德年甲辰
行府使

류양권의 1858년 호구단자(위)와 류동현의 1879년 호구단자(아래)

1858년부터 이 가호의 호구단자에는 '노 갑득'이 아니라 같은 나이의 '비 갑덕'이 표기된다. 1879년 호구단자부터는 나이가 아닌 출생년 간지로 '갑진(甲辰)'이 기록되기 시작했다.

다. 이름이 유사하고 나이가 같기에 이름을 잘못 쓴 게 아닌가 싶지만, 문제는 '노'에서 '비'로 성별이 바뀌었다는 점이다. 오기라고 하기에는 너무 이상하다. 더구나 갑자기 70세가 넘은 여자 종이 생겼다니 상식적으로 이해되지 않는다. 이 부분이 류씨 집안 호적자료의 최대 미스터리다. 호구단자는 3년마다 작성했으니 1855년 이전의 자료가 몇 장 더 있다면 사정을 살필 수 있을 텐데, 아쉽게도 그 자료들은 내게 없다.

1855년 문서에 이어지는 것은 3년 후인 1858년에 작성된 호구단자이다. 앞서 말했듯 '노 갑득'은 이때부터 갑자기 '비 갑덕'으로 바뀌었다. 그런데 나이는 72세에서 75세로 그대로 연결되고 있다. 동일 인물로 보이는 갑득과 갑덕, 왜 갑자기 성별이 바뀐 것일까? 노비가 많은 집안이었다면 모르겠지만, 류양권의 집은 여태껏 노비를 한 명만 거느렸기 때문에 이런 혼동은 이해하기 힘들다.

이후 류씨 집안의 호구단자에는 자식이 귀해 주호가 이름을 수시로 개명하고, 양자를 입양한 사실들도 나온다. 시간이 흘러 주호도 류양권에서 아들 류동현, 다시 손자 류원기로 바뀌는데, 비 갑덕은 3대째 세습되고 있다. 호구단자에서 갑덕의 나이는 75세에서 78세, 81세로 계속 늘다가 96세가 되는 1879년 호구단자에서부터는 나이를 표시하는 숫자는 없고 갑진이라는 출생년 간지만 적히기 시작한다.

1894년에 작성된 호구단자는 류씨네 문서 열 장 중 시간순으로 따지면 아홉 번째 문서인데, 내가 갑덕을 처음 만났던 바로 그 문

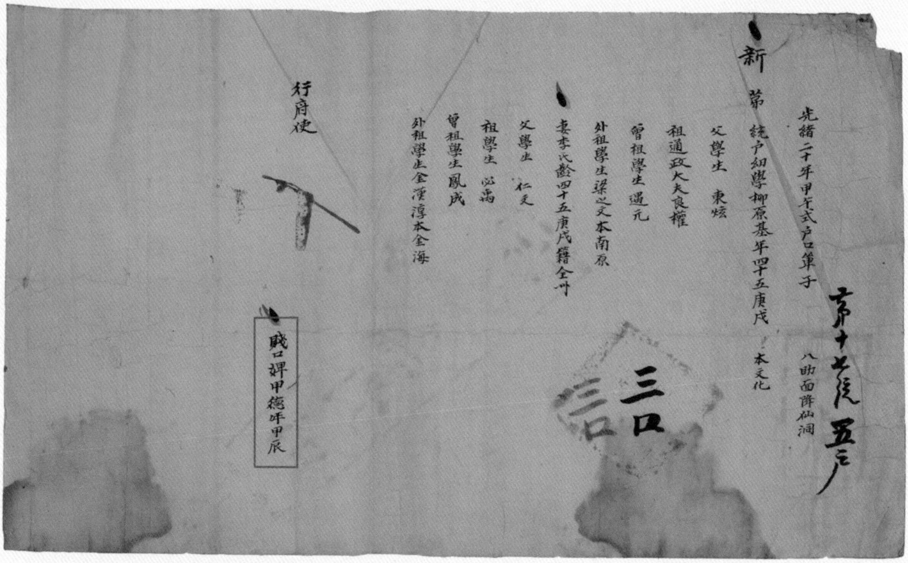

류원기의 1894년 호구단자

문서 왼쪽 끝(붉은 테두리 부분)에 갑진년생 비 갑덕에 대한 기록이 여전히 등장하는데, 이 호구단자를 끝으로 갑덕은 자취를 감춘다.

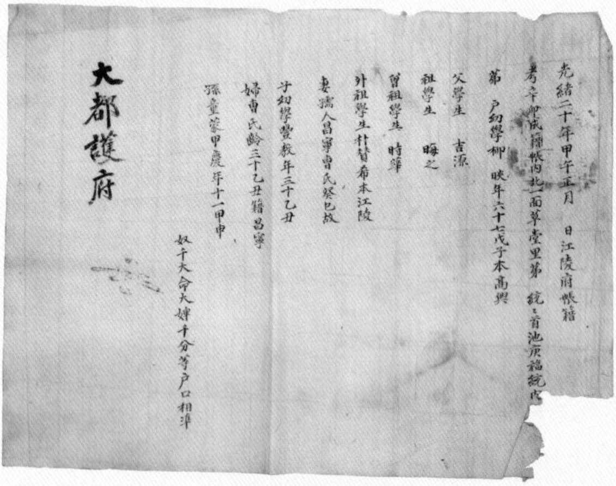

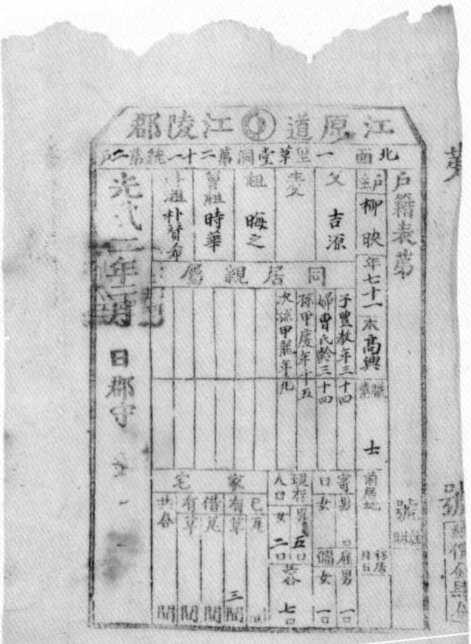

호구단자와 호적표

두 자료 모두 강원도 강릉에 거주하던 유영(柳暎)이라는 인물의 호적 자료인데, 왼쪽은 1894년에 작성된 호구단자이고, 오른쪽은 1896년에 새로 제정된 '호구조사규칙'에 근거하여 작성된 1898년의 호적표이다. (박건호 소장)

서이다. 1894년은 동학농민운동과 일본군의 경복궁 습격, 청일전쟁 등 굵직한 역사적 사건이 이어지던 격동의 시기였다. 무엇보다 갑오개혁으로 조선에서 신분제가 폐지된 해다. 이 호구단자의 주호는 류원기이며, 당시 이 집에 거주하는 이는 모두 세 명이었다. 붉은색 점이 찍힌 곳이 세 군데이고, 따로 써놓은 글씨도 '삼구(三口)'다. '갑진년생'으로 기록된 노비 갑덕의 나이는 이해 111세였다.

이 집안의 마지막 문서(35쪽 사진)는 1898년에 작성됐는데 기존의 호구단자와 형식상 뚜렷한 차이가 보인다. 인쇄된 호적 양식에 일부 내용만 기재하는 식으로 작성 방식이 바뀐 것이다. 이는 '호적표'라 명시된 문서로 1896년 '호구조사규칙(戶口調査規則)'이 제정된 후 새롭게 등장했다. 작성 주기도 바뀌어 예전처럼 3년이 아니라 매해 한 번씩 작성해야 했다. 그런데 1898년 류씨 집안 호적표에는 4년 전만 해도 있었던 갑덕이 보이지 않는다. 그사이에 죽은 것일까? 그 답은 뒤에서 다시 살피도록 하겠다.

노비의 장수 시대?

이상으로 경상도 하동에 살았던 류씨 집안의 호구 문서를 모두 훑어보았다. 그런데 갑덕의 나이 111세는 아무래도 조선시대 평균 수명과 비교해봤을 때 너무 많지 않은가? 갑덕은 정말 111년 넘게 산 것일까? 문헌 기록이 중요하긴 하지만, 문서에 적힌 내용을 액면 그대로 받아들이기보다는 역사적 맥락 속에서 통찰할 수 있어야 한다. 흥미로운 것은 조선 후기 호적 자료에는 갑덕 말고도 100세 넘은 노비가 드물지 않게 등장한다는 사실이다. 심지어 150세, 200세가 넘는 노비들도 있다. 일례로 조선 후기 재령(載寧) 이씨(李氏) 집안의 비 계선은 무려 227세의 나이에도 호구단자에 버젓이 등재되었다. 노비의 장수 시대가 열렸던 것일까?

물론 노비들이 실제로 그 나이까지 산 것은 아니다. 그럼에도 그 나이로 호적에 등재된 이유는 무엇보다 도망 노비가 많았기 때문이다. 도망 노비에 대한 소유권을 포기할 수 없었던 양반들은 자신의 노비가 살아 있다는 가정하에 나이를 계산해 호구단자에 계속 그 이름과 나이를 기재했다. 나중에라도 도망간 노비가 잡히면 그에 대한 소유권을 주장하기 위해 이런 기록이 필요했던 것이다. 경상도 영해 재령 이씨가는 호구단자에서 도망 노비를 최소 63년, 최대 207년 동안 기재하여 관리했으며(문숙자, 〈18~19세기 재령 이씨가 호구단자를 통해 본 노비 가계〉, 《장서각》 제21집, 2009), 광주의 전의(全義) 이씨(李氏)가도 도망 도비를 최소 90년, 최대 137년에 이르기까지 호적에 기재했다고 한다(전형택, 《조선 양반 사회와 노비》, 2010). 도망 노비를 기록하는 것은 도망한 지 몇 해 지나지 않은 경우가 대부분이었지만, 이처럼 오래전에 사라진 노비를 기록하는 사례도 적지 않았다. 호적에는 이들에게 '구원도(久遠逃, 오래전에 멀리 도망감)'라고 따로 덧붙이기도 했다. 비록 도망 노비는 사망했을지라도 그의 소생을 귀속시킬 근거를 마련하기 위해서였다.

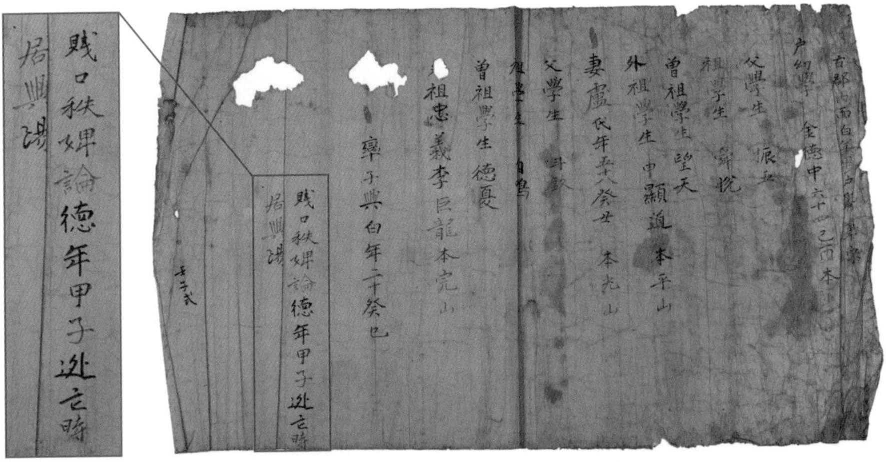

도망 노비를 기록한 조선 후기 호구단자

김덕중이란 인물의 호구단자로 도망간 비 논덕(論德)의 이름 뒤에 '逃亡時居興陽'이라는 글을 덧붙여 도망 당시 흥양에 살았음을 밝히고 있다. 비 논덕은 도망 당시 주인집에 거주하는 솔거노비가 아니라 따로 독립해 사는 외거노비였던 것으로 보인다. 양반들은 소유권을 주장하기 위해 노비가 도망한 지 상당한 세월이 지난 후에도 관련 기록을 호구단자에 남겼다. (박건호 소장)

도망 노비의 소생을 잡아서 다시 종으로 부린다는 이야기는 멀리 갈 것도 없이 고전소설《흥부전》에도 나온다. 사실 흥부와 놀부의 조상은 도망 노비였는데, 놀부가 박을 타자 옛 상전이 나와 이렇게 꾸짖는다.

> 이놈 놀부야. 옛 상전을 모르느냐? 네 할아비 덜렁쇠, 네 할미 허튼댁이, 네 아비 껄떡놈이 …… 다 모두 우리 집 종이라. 병자 팔월에 과거 보러 서울 가고 우리 집 사랑(舍廊)이 비었을 때 흉악한 네 아비 놈이

가산을 모두 도둑질하여 알 수 없는 곳으로 도망하였으니, 여러 해 찾아도 종적을 알 수 없었는데 …… 네 처자, 네 세간을 박통 속에 급히 담아 강남 가서 종살이를 하라.

물론 이야기의 결론은 잘 알다시피 놀부가 옛 상전 집에 끌려가서 다시 종이 되는 대신 돈을 주고 상전을 돌려보내는 것으로 끝맺는다.

도망 노비와 관련하여 흥미로운 기록이 몇 가지 더 있다. 주로 '도거 청주(逃居淸州)'와 같이 어디에 도망가 사는지를 구체적으로 표시한 사례들이다. 간혹 어느 군현의 어느 동리에 사는지까지 상세하게 기록한 사례도 있다. 어디에 사는지 뻔히 알면서도 당장 달려가 잡아 오지 않고 도망으로만 처리해두는 것인데, 노비를 잡아 오는 일이 말처럼 쉽지 않았기 때문이다. 어떤 기록에는 도망간 노비를 찾아서 데려오려다가 도리어 옛 상전이 폭행당했다는 이야기도 나온다. 도망 노비들에게는 자유가 그만큼 절실했기 때문이리라. 자유를 알지 못했을 땐 순종이 당연했지만, 일단 자유를 맛본 뒤에는 그것을 지키고자 적극적으로 저항했다. 자유를 꿈꾸는 노비의 열망이 잃어버린 재산을 찾으려는 양반의 의지를 압도했던 것이다.

이런 역사적 상황과 맥락을 고려한다면 노비 갑덕은 어느 날 류씨 집안에서 도망친 노비였을 가능성이 크다. 물론 실제 그녀가 111세까지 살았을 가능성도 완전히 배제할 수는 없지만, 그보다는 갑덕을 도망 노비로 이해하는 편이 훨씬 사실에 가까울 것이다. 이

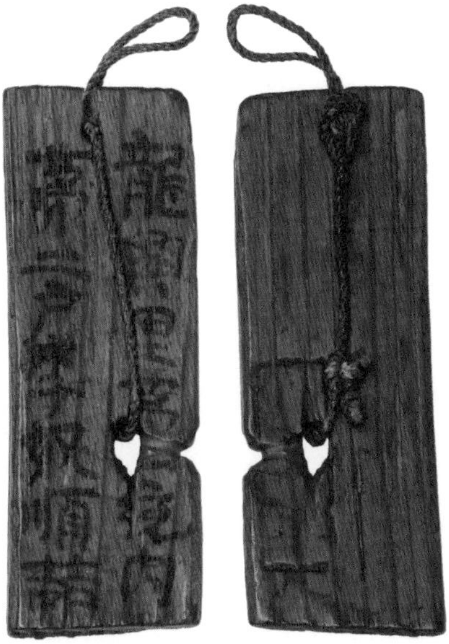

조선시대 노비 호패

앞면에는 순철(順喆)이란 이름을 가졌던 노비의 주소와 주인의 정보가 써 있고 뒷면에는 사각형의 낙인이 찍혀 있다. 휴대를 위해 묶은 줄에는 손때가 묻어 있어 오랫동안 사용한 흔적이 뚜렷하다. 모양은 비록 볼품없지만, 현존하는 노비 호패가 거의 없어 굉장히 희귀한 유물이다. (박건호 소장)

렇게 호구단자 하나에도 그 시대 사회상과 역사가 반영되어 있다. 교과서에서 조선 후기 노비가 도망하는 일이 많았다고 간단히 서술하고 있다면, 옛 기록물은 그 이면에 숨은 이야기들을 생생하게 증언해준다. 문서의 맥락, 역사의 맥락을 가지고 자료 속의 사실을 제대로 읽어내는 것은 오롯이 오늘날 우리의 몫이다.

또 다른 가능성

이렇게 나의 류씨 집안 호적 자료 탐구는 잠시 멈추었지만 갑덕을 단순히 도망 노비로 보기에는 여전히 해결되지 않는 문제가 남아 있었다. 첫째, 조선시대엔 일반적으로 노비와 관련해 변동 사항이 생기면 그 사실을 호적에 기록했다는 점이다. 노비가 죽으면 '고(故)'라고, 도망갔으면 '도(逃)', '도망(逃亡)', '도주(逃走)'라고 덧붙이고 집안의 사람 수에 포함하지 않았는데, 류씨 집안의 호구단자에는 갑덕이 특별한 변동 없이 호(戶)의 사람 수로 계속 계산됐던 것이다. 둘째, 노비가 도망갔음에도 호구단자에 계속해서 기록하는 주요한 이유는 사실 노비 당사자보다도 그의 소생에 대한 소유권을 주장하기 위함이었다. 그런데 노비 갑덕의 경우는 더 이상 소생을 둘 수 없는 나이였다.

의문을 풀기 위해 나는 다시 깊은 고민에 빠지게 되었다. 갑덕이 도망갔을 가능성을 70%, 실제 111세까지 살았을 가능성을 5% 정도라고 하자. 그렇다면 또 다른 가능성은 없을까? 조선 후기 관련 서적들을 이리저리 찾아보다가 비 갑덕이 허구의 인물일 수도 있다는 가능성을 보여주는 설명을 발견하게 되었다. 노비를 그토록 오래 호적에 남겨둔 이유가 양반 행세를 위한 구실일 수도 있었다는 것이다. 1600~1920년대에 작성된 경상도 단성현의 호적 자료들을 토대로 기술한 손병규의 《호적》(휴머니스트, 2007) 중 일부를 읽어보자.

> 양반 행세를 유지하려면 노비를 반드시 소유하여야 했으며 …… 19세기 호적에 노비가 등재되는 양태에는 사실 약간의 비현실적인 경향도 없지 않다. 호마다 노비 한두 명을 등재하는 것이 호적의 양식인 것처럼 유행하고 허구의 인물을 노비로 등재하기도 했다. 이러한 상황에

서는 노비를 소유한 상전이 증가함으로써 해당 지역 노비 총수도 증가하게 된다. 이것이 바로 호적상 노비가 증가한 직접적인 원인이다. 그러나 이러한 노비 기재를 행하게 된 사회문화적인 요인은 양반 지향에 있다. 18세기를 거치면서 유학 등의 직역명을 기재한 남성의 비율은 일직선으로 증가하는 추세를 보인다. 19세기 중엽에는 …… 50%에 육박한다. 사회 현실이 호적에 등재된 그대로라면 모든 인민의 반수가 지배층인 셈이다. 그러나 지배층만을 대상으로 호적을 작성한 것이 아니라면, 이것은 이미 그들이 지배층으로 볼 수 없는 위치에 있었다는 사실을 반증한다. …… 19세기 호적은 실제로 양반이 증가한 것이 아니라 양반을 지향하는 자들이 증가한 결과를 보여준다. 호적상에 양반이 즐겨 쓰는 직역명을 붙이고 그 호의 부녀에게 씨 호칭을 쓰며, 노비까지 한두 명 등재하는 호 구성이 일반화되어 갔다는 사실은 바로 양반 흉내를 내는 호적 기재가 정형화된 것임을 의미한다.

양반을 지향하는 문화 때문에 실존하지 않는 노비를 한두 명씩 호적에 등재하는 일이 유행했다는 아주 흥미로운 내용이다. 류씨 집안의 호구단자에 적힌 직역(職域)을 보면 모두 '유학(幼學, 벼슬하지 않은 양반)'이나 '학생(學生, 유학을 직역명으로 쓰던 자가 사망했을 때 붙이는 명칭)'으로 기록되어 있다. 과거 합격자를 오랫동안 배출하지 못했다는 뜻으로, 그렇게 위세 있는 집안이 아니었음을 반증한다. 그들의 호구단자에 허구로라도 노비가 필요했던 이유였을 것이다. 다만 1879년 호구단자부터 류양권의 직역으로 갑자기 정3품

'통정대부'가 기록되는데 이는 류양권이 90세 이상 장수해서 받았던 경로 우대 차원의 품계로 보는 것이 타당하다.

그렇다면 갑덕은 실존 인물이긴 했을까? 복기해보면 1855년 72세의 '노 갑득'이 3년 뒤인 1858년 75세의 '비 갑덕'으로 갑자기 바뀌는 것도 이상했다. 1855년과 1858년 사이 노 갑득이 노환으로 죽자 류씨 집안이 가공의 인물로 비슷한 이름의 갑덕을 만들어 75세부터 나이를 더해간 것은 아니었을까? 그러다가 81세 이후부터는 그냥 '갑진년생'으로만 적어 나이가 지나치게 많다는 사실을 숨기고자 했을 수 있다. 나는 이 가능성도 충분히 있다고 생각한다. 다만 여러 가능성을 타진해볼 뿐, 100년이 훨씬 지난 지금 노비 갑덕의 정확한 실체는 알 수 없다. 갑덕은 의문만 남긴 채 마지막 호적문서에서 마침내 자취를 감추고 말았다.

1898년 광무 2년 호적표에서 류원기는 이제 49세이다. 1894년 신분제가 폐지되면서 새로 도입된 호적표에서는 양반과 같은 신분을 표시하는 대신 직업을 기록하게 했다. 할아버지 류양권 이름 앞에 붙어있던 '통정대부'도 사라졌고, 이전에 자신과 4조(祖) 이름 앞에 붙이던 '유학'이니 '학생'이니 하는 직역도 더 이상 소용없는 시대가 되었다. 새로 신설된 직업란에는 아예 '농(農)'이라고만 썼다.

신분제 폐지와 함께 노비제도가 사라진 정황도 이 호적표에 고스란히 드러난다. 공식적으로 노비제가 폐지된 이후에도 많은 노비들은 여전히 집에 딸려 잡일을 도맡아야 했지만 호적표상에는 더는 '노'나 '비'가 아닌 '고남(雇男)', '고녀(雇女)'로 기록됐다. 하지

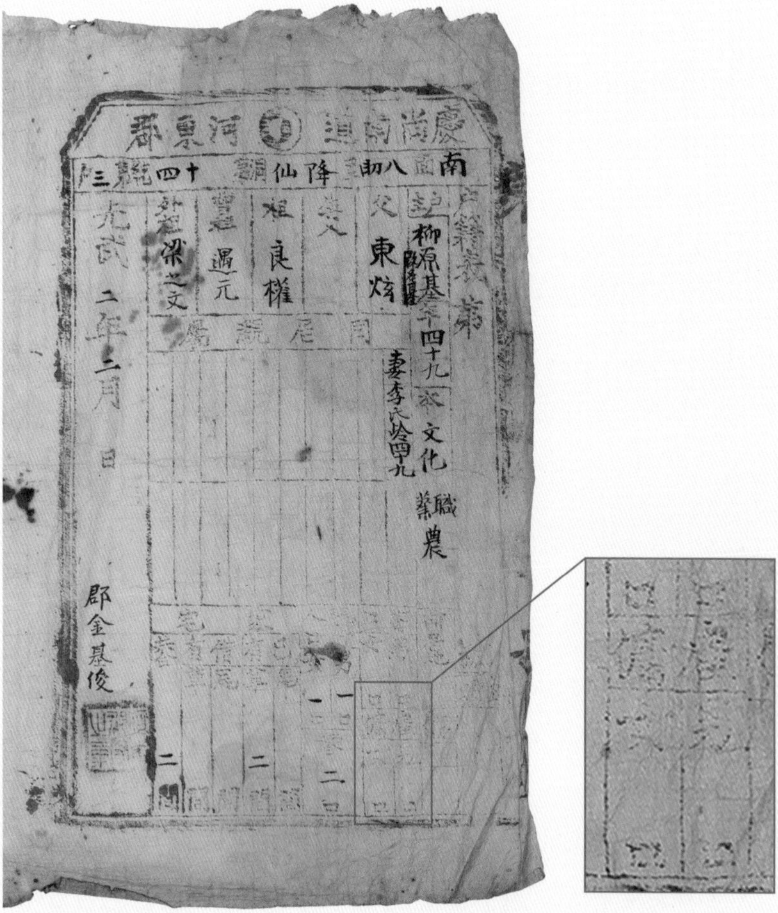

1898년 류원기의 호적표

신분제 폐지를 반영하여 새 양식의 직업란에는 '농(農)'이라고 썼다. 붉은 테두리 부분은 흐릿하지만, 고남·고녀의 수를 기록하는 부분이다. 보통 노비제 폐지 이후에도 그 집에 딸려 사는 노비들은 고남·고녀로 파악되었다. 류씨 집안의 호적표에 더 이상 갑덕은 보이지 않는다. 오랜 세월 호적 자료에 기록되던 갑덕은 신분제 폐지와 함께 호적 자료에서도 해방되었다. (박건호 소장)

만 류원기는 1898년 호적표에 고남, 고녀를 기록하는 난을 비워두었다. 갑덕이 처음 호구단자에 이름을 올리기 시작한 지 무려 40여 년 만에 사라진 것이다. '실존 인물' 갑덕은 1894년과 1898년 사이에 결국 사망한 것일까? 아니면 노비제가 폐지된 마당에 류원기는 더 이상 '허구의 인물' 갑덕을 호적에 남겨둘 이유를 찾지 못했던 것일까? 어쨌든 신분제 폐지라는 시대적 변화와 함께 갑덕은 노비라는 끈질기고 지독한 신분적 속박으로부터 완전히 벗어날 수 있게 되었다.

식민지배와 한국전쟁, 모든 질서를 무너뜨리다

노비제 폐지 이후에도 다수의 예전 노비가 상당 기간 주인집에 얹혀살면서 잡일을 해주는 대가로 약간의 경제적 보상을 받았다. 주인집을 떠나봐야 경제적으로 자립하기가 쉽지 않았기 때문이다. 신분제도가 공식적으로 폐지되었다고 해서 신분제를 바탕으로 하는 사회적 관습과 신분 관념까지 바로 사라지는 것은 아니었다. 우리 역사에서 신분제적 관습과 신분 관념이 실제로 소멸되는 데는 역설적으로 식민지배와 한국전쟁의 영향이 컸다. 1930년대 후반 이래 중일전쟁과 아시아·태평양전쟁으로 온 나라가 전시체제에 돌입하면서 젊은이들이 상류층과 하류층 구별 없이 일본군에 징병되자 위계가 불분명해졌다. 일제 통치하에서 한국인들은 모두 같은 운명이라는 생각이 퍼져나갔다.

한국전쟁은 식민지배보다 더 크게 기존의 신분 질서와 관념을 뒤흔들어놓았다. 한국전쟁은 기존의 향촌 공동체에 강고하게 남아 있던 신분 질서와 관습을 완전히 뒤엎어버렸다. 하층민으로 인식되던 사람들은 전시의 혼란을 틈타 지역사회에서 멀리 떠나버리면 그만이었다. 또한 어제까지 노비, 머슴, 소작인으로 살던 이들이 옛 상전, 지주 들을 반동분자로 몰아 공격하는가 하면, 사회주의사상에 물든 부잣집 자식들이 가난한 이들을 '동무'라고 부르며 연대의 손을 내밀기도 했다. 수많은 사람이 이리저리 피란했고, 출신 지역과 계급이 다른 사람들이 비빔밥처럼 뒤섞였다. 이제 사람들은 서로의 과거를 잘 알지 못했고, 굳이 따져 묻지도 않았다. 눈앞에 닥친 가난을 해결하는 것이 급선무였다.

이렇게 과거의 농촌 공동체는 해체되고, 새로운 사회 질서의 원형이 만들어졌다. 전쟁은 기존의 질서를 완전히 리셋(reset)했다. 모든 것이 파괴되었으므로 모두가 가난 속에서 평등했다. 그리고 모두 비슷한 지점에서 다시 출발해야 했다. 비록 배는 고팠지만, 배 아픈 시대는 아니었다. 전쟁은 많은 것을 파괴하지만 새로운 것을 창조하기도 한다. 몽골의 침략으로 황룡사는 불탔지만 팔만대장경이 탄생했듯, 한국전쟁은 낡고 오래된 신분 질서를 뒤엎어버리고 '평등사회'의 신질서를 만들어내고 있었다.

#2 "거지 같은 양반도 양반 아니오?"

황혼기 조선, 양반의 쓸쓸한 몰락

신상덕의 전당표, 김영소의 호적표, 이규백 폭행 사건 진정서

1898~1910년, 각 17×12.1cm, 30.5×19.4, 33.7×35.2 박건호 소장.

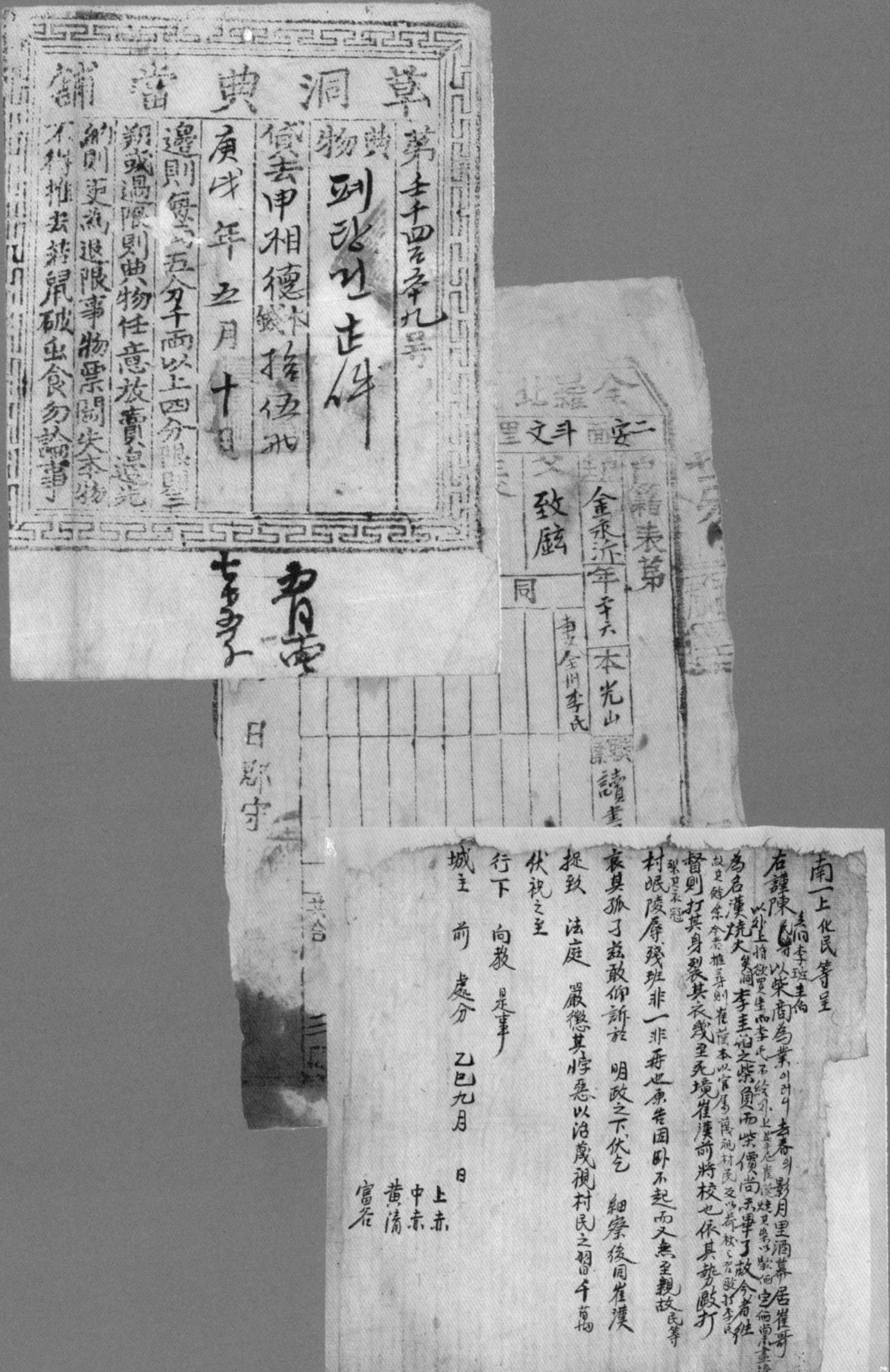
葛洞典當舖

第壬千四百辛九号

典物 ……

價錢 申相德 錢木拾伍兩

庚戌 年 五月 十日

過則無 …… 五分 千兩以上四分 限則至
期 或過限則典物任意放賣 過先
納則更爲退限事 物票閪失 ……
不得推去 若鼠破虫食勿論事

全羅北 ……
二安面 斗文里
戶籍表 第
金永沂 年 本 光山
致鉉
妻 全州李氏
讀書
同

南一上化民等呈
右謹陳 …… 以柴商爲業 …… 影月里酒幕居崔哥
爲名漢 …… 李圭洛之柴價而柴價尚未畢了故今者往
督則打其身裂其衣幾至死境崔漢前將校也依其勢毆打
村氓陵辱殘班非一非再也原告因卧不起而又無至親故民等
哀其孤子茲敢仰訴於 明政之下伏乞 細察後同崔漢
捉致 法庭 嚴懲其悖惡以治蔑視村民之習千萬
伏祝之至
行下 向教 是事
城主 前 處分 乙巳九月 日
上赤 中赤 黃淸 富石

화무십일홍이라 했던가? 어떤 권세나 부귀영화도 영원하진 않고, 한번 성한 것은 얼마 못 가 반드시 쇠하기 마련이란 뜻이다. 망해가는 조선의 양반 처지가 딱 그러했다. 전혀 관련 없어 보이는 세 개의 문서 속에는 왠지 우스꽝스럽고 측은한 삶을 살았던 세 명의 인물이 담겨 있다. 그리고 이들의 세 장면은 공통적으로 한 시대가 저물어가는 순간을 생생히 증언해주고 있다.

바다에 떨어진 양반의 권위

성명란이 빈 채로 발급되던 관직 임명장 공명첩(空名帖)은 조선 후기 신분 질서의 변동을 설명할 때 반드시 등장하는 소재 중 하나다. 임진왜란 때 부족한 군량(軍糧)을 모으기 위해 임시방편으로 공명첩을 발급했던 일이, 전쟁이 끝난 후에도 재정 형편이 어려울 때마다 수시로 반복된 것이다. 백성이 바치는 곡물의 양에 따라 국가는 직급을 나누어주었고, 이러한 공명첩 발행은 조선 후기에 양반 수가 급증하는 주요 원인이 되었다. 숙종 때인 1690년에는 정부가 진휼미(賑恤米, 흉년이 들었을 때 백성을 구제하기 위해 내리던 쌀)를 마련하기 위해 무려 2만 장의 공명첩을 발부하여 전국 팔도에 나누어 팔게 했다는 기록도 있다.

조선 후기에 이처럼 평민, 심지어 노비까지 공명첩을 사서 양반 행세하는 경우가 우후죽순 늘어났다면, 그 반대로 양반으로 인식

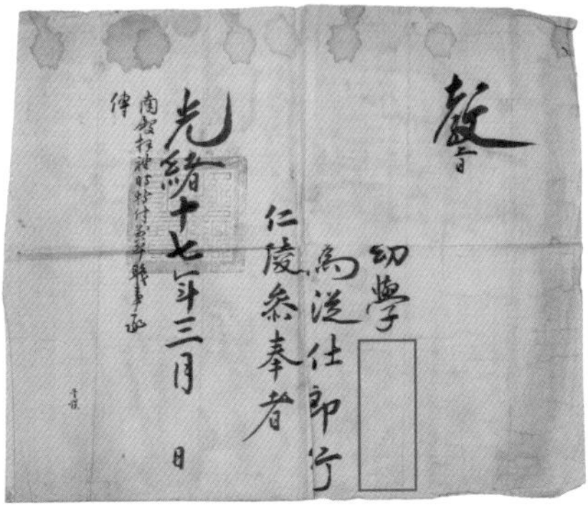
敎旨
幼學
爲通仕郎行仁陵參奉者
光緒十七年三月 日

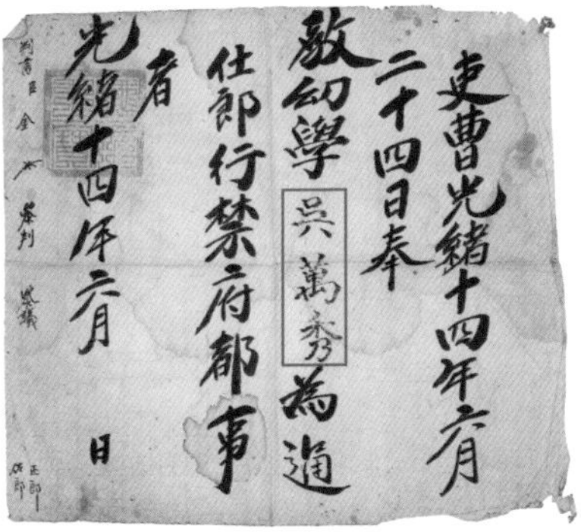
吏曹光緒十四年六月二十四日奉
敎幼學 吳萬秀 爲通仕郎行禁府都事者
光緒十四年六月 日

조선 후기의 공명첩

왼쪽은 1891년 인릉(仁陵) 능참봉(陵參奉, 능을 관리하는 일을 맡아보던 벼슬)으로 임명한다는 공명첩으로 성명란(붉은 테두리 부분)이 비어 있다. 오른쪽은 1888년 발급된 공명첩으로, 원래 공란이었던 자리(붉은 테두리 부분)에 이 문서를 산 사람의 이름이었을 '오만수(吳萬秀)'가 다른 필체로 기입되어 있다. (박건호 소장)

되던 가문이나 호구가 몰락하여 일반 평민과 다름없이 살아가는 사람들도 생겼다. 이런 몰락 양반을 보통 '잔반(殘班)'이라고 불렀다. 형편이 어려워 허덕이던 잔반들은 서당에서 훈장 노릇을 하거나 일반 농민들처럼 직접 농사를 짓는 등 노동을 통해 생계를 이어가야만 했다. 신분 및 계층과 부(富)가 더는 일치하지 않는 세상이 된 것이다. 때로는 몰락한 양반이 생활고 때문에 부유한 평민에게 쌀을 빌리는 경우도 있었다. 양반의 위상은 점차 떨어졌고, 양반이라는 고귀한 호칭은 저잣거리에서 '이 양반', '저 양반'으로 불리기 시작했다.

이번 글은 세 편의 문서를 단서 삼아 조선 후기 이래 진행된 양반계급의 몰락을 추적해나간다. 이 자료들은 몰락해가는 양반과 그들의 생활 단면을 스냅 사진처럼 보여줄 것이다. 여기에 겹쳐서 우리는 조선 왕조의 쓸쓸한 쇠락도 같이 볼 수 있어야 한다. 당시 신분 질서만 따로 흔들린 것이 아니기 때문이다. 나라 전체가 망해가면서 지배체제 곳곳에 균열이 생겼고, 신분 질서의 동요는 그중 한 현상이었다.

세 자료 속에는 각각 이규백, 김영소, 신상덕이란 인물이 등장한다. 이규백은 충청도, 김영소는 전라도, 신상덕은 한양 사람이다. 그들은 신분제가 붕괴해가던 조선 왕조의 황혼기에 양반의 자존심을 지키기 위해 노력했거나, 최소한 그 시기의 쓸쓸함과 초라함을 보여준다는 점에서 짠한 인물들이다. 시대의 애잔함은 개인의 애잔함으로 이어졌다.

문서로 알 수 있는 사실이 제한적이면 약간의 상상력을 가미하여 그들을 그럴듯하게 되살려볼 것이다. 개연성 있게 그린 모습이 실제 그들과 다를 수 있다는 점을 미리 밝혀 둔다. 특히 양반임이 확실한 이규백과 김영소와는 달리 신상덕은 양반인지 명확하지 않은 구석이 있지만, 그럼에도 신상덕을 양반으로 간주하고 그의 처지를 재구성할 것이다.

오라버님께

오라버님을 믿고 고발하였는데 어찌 그놈을 풀어주셨습니까? 아니 잡힌 것만 못하여 절통하고 분하옵니다. 내 형편을 아시듯이 종 없이 남의 종을 여기저기서 빌려 부리며 적은 돈을 가지고 살아가는데, 가난한 양반이라고 (그놈이) 오래전부터 욕설과 고약한 행각을 일삼아 내 친척이 법사 관원이시기에 아무쪼록 부끄러움을 씻어 주실까 하였는데, (그리 풀어주니) 애달픕니다. 남의 종을 얻어 부리는 신세에 부끄러움을 면할 길이 없겠으나 엄히 다스려주시길 바라오며, 일이 너무 커질 듯하거든 헤아려 처리해주시고, 그놈의 행각은 괘씸하고 또 괘씸하니 잘 헤아려 다시 잡아와주십시오. …… 귀양은 못 보내어도 소작인 노릇은 못 하게 해주십시오. (내가) 너무 보채어 염치없고 (오라버님)이 실로 괴로우시겠습니다.

1882년 의성 김 씨가 사촌 오빠인 김흥락(金興洛)에게 보낸 편지다. 이 편지에서 의성 김 씨는 법관으로 있는 김흥락에게 가난한 양반을 무시하고 능멸한 '그놈'을 엄하게 처벌하지 않고 풀어준 것에 대해 서운함을 토로하고 있다. 그리고 이어서 '그놈'을 어쩔 수 없이 풀어줬다 하더라도, 소작인 노릇은 못 하게 해달라고 부탁한다. '그놈'이 가난한 양반을 어떻게 무시하고 능멸했는지는 알 수 없지만, 조선 후기 이래 흔들리고 있던 양반의 지위를 보여준다는 점에서 흥미롭다.

몇 년 전 이와 비슷한 사회상이 담긴 옛 문서 한 장을 수집했다. 가로 33cm, 세로 35cm 크기에 뒷면은 두꺼운 종이로 배접된 상태였다. 문서는 을사년 9월에 작성된 진정서인데, 내가 이 문서에 관심을 가진 이유는 조선 후기 왕조의 쇠락과 함께 동반 추락해갔던 양반의 권위가 잘 드러나 있기 때문이었다.

이 진정서는 행정구역상 남일상면(南一上面)에 속하는 상적(上赤)·중적(中赤)·황청(黃淸)·부곡(富谷) 네 개 마을의 양반들이 함께 작성하여 성주(城主), 즉 군수에게 바친 것이다. 지명으로 보아 이 진정서는 충청도 청주 지역에서 작성된 것으로 추정된다. 왜냐하면 '남일면' 혹은 '남일상면'으로 검색해보면 여러 지역이 뜨지만, 문서 끝에 언급된 네 마을(상적·중적·황청·부곡)을 모두 충족시키는 곳은 청주밖에 없다. 따라서 지금의 충청북도 청주시 상당구 남일면이 이 문서의 배경이 되는 지역이라 생각할 수 있다.

진정서 내용은 대략 이러하다. 청주군 남일상면에 이규백(李圭伯)이라는 사람이 땔감 장사를 하며 살고 있었다. 이 인물은 잔반으로 보인다. 진정서 앞머리에 '이반규백(李班圭伯)'이라고 하여 그가 양반임을 강조하고 있기 때문이다. 사건은 어느 봄날 경월리 주막에 사는 최한(崔漢)이 규백에게 땔감을 외상으로 달라고 하는 데서 시작된다. 이규백은 최한이 이전에 사간 땔감 값도 아직 받지 못한 터라 외상 거래를 거절했던 모양이다. 앙심을 품은 최한은 이규백을 구타하고 옷을 찢는 것으로도 모자라 규백의 땔감까지 불

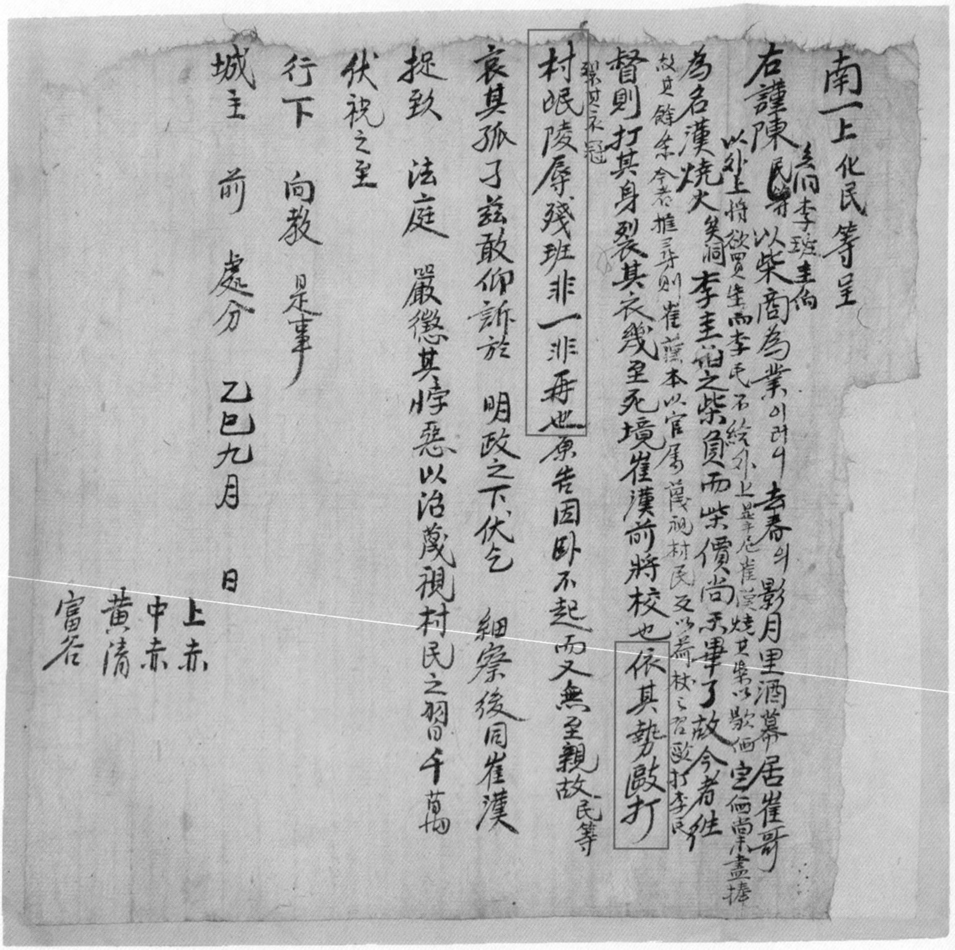

이규백 폭행 사건 진정서

지방 양반들이 몰락 양반 이규백 폭행 사건과 관련해 최한의 처벌을 요구하며 지방관에게 올린 진정서이다. 문서의 붉은 테두리 부분이 바로 '(최한이) 그 위세에 의지해 촌민을 구타하고 잔반을 능욕하는 일이 비일비재하다'라는 대목이다. (박건호 소장)

태워버렸다. 얼마나 심하게 때렸던지 이규백은 거의 사경에 이를 지경이었다. 문제는 최한의 이런 행동이 처음이 아니었다는 점이다. 문서에 따르면 그는 장교(將校, 지방 관아의 군무에 종사하던 중인 신분의 하급 관리)를 지낸 인물로, '촌민을 구타하고 잔반을 능욕하는 일이 비일비재'했다.

결국 남일상면 네 마을의 양반들은 가까운 친척도 없는 데다가 졸지에 고아가 될 처지에 놓인 규백의 어린 아들을 불쌍히 여겨, 폭행 사건이 일어나고 반년쯤 지난 을사년 9월 규백의 아들을 대신해 진정서를 썼던 것이다. 진정서는 이러한 사정을 자세히 살펴서 최한을 잡아 법정에 세우고, 패악을 엄히 처벌해 촌민을 멸시하는 습관을 고쳐 달라는 내용으로 마무리되고 있다.

그렇다면 이 문서가 작성된 '을사년'은 언제일까? 진정서 전반부의 국한문혼용체로 보아 이 문서는 을사늑약이 체결된 1905년에 작성된 것으로 추정된다. 이 시기의 문서들이 주로 이런 형태의 국한문혼용체로 작성되었기 때문이다. 이전에는 한문이면 한문, 한글이면 한글로 통일해 작성했고, 한문과 한글을 섞어 사용하는 국한문혼용체는 근대에 나타난 새로운 문화 현상이었다.

참고로, 우리나라에서 국한문혼용체로 발간된 최초의 신문은 1886년 창간된 《한성주보》이고, 국한문혼용체로 편찬된 최초의 책은 유길준의 《서유견문》(1889)이다. 그 전까지 한글은 한자와 어깨를 겨눌 수 없는 격이 낮은 글자였다. 그러다가 1894년 갑오개혁 때 한글은 '국문(國文)'의 지위에 오르게 된다. 당시 고종은 칙령 제

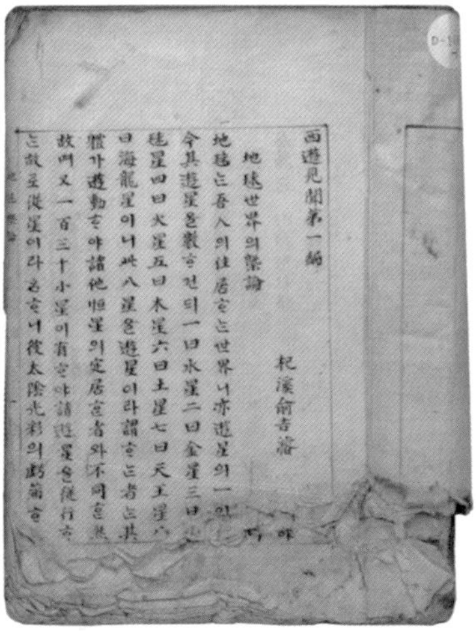

국한문혼용체로 쓰인 최초의 책 《서유견문》 초고

(고려대학교박물관 소장)

1조를 통해 "법률·칙령은 모두 국문을 기본으로 하고 한문 번역을 붙이거나 국한문을 혼용한다"라고 천명했다. 이 칙령 이후 국한문 혼용체가 점차 보편화되었고 문자 생활의 대세가 되었다. 국한문 혼용체를 근대의 소산이라고 하는 이유다.

조선 후기 이래 양반의 권위가 추락하고, 특히 잔반의 처지가 일반 농민과 다를 바 없어진 상황에서 일어난 이규백 폭행 사건은 지방 양반들의 분노를 불러일으키기에 충분했다. 거지 같은 양반이라도 양반은 양반이었고, 권위와 자존심을 지키고 싶었을 것이다. 그래서 최한을 엄징하여 고을 기강을 세워달라는 내용의 진정서를 공동으로 작성해 지방관에게 올린 것이다. 문서가 작성된 시점이 1905년이 맞다면 이때는 갑오개혁으로 신분제가 폐지된 때로부터 10년도 더 지났을 때였다. 임진왜란 이후 신분 질서가 흔들리고 갑오개혁으로 신분제가 공식적으로 폐지되었음에도, 수백 년간 사람들의 머릿속에 자리 잡고 있던 신분 관념은 여전히 살아남아 있었던 것이다. 그래도 양보할 수 없는 양반들의 마지막 자존심 같은 것 말이다. "어디 감히 상놈이!"

매년 9월 1일은 통계의 날이다. 한국 근대 통계의 시작으로 평가되는 '호구조사규칙'이 공표된 1896년 9월 1일을 기념한 것이다. 호구조사규칙이 제정된 것은 1896년 건양 원년에 고종이 아관파천으로 러시아공사관에서 집무할 때였다.

호구조사규칙 제정 이전과 이후 무엇이 달라졌을까? 호구조사규칙으로 이전과는 다른 호구조사가 시작되면서 새로운 방식의 호적이 작성되었다. 이를 광무 연간(1897~1907)에 작성된 호적이라 해서 '광무 호적'이라 부른다. 과거의 호적과 구별하기 위해 '신식 호적'이라 부르기도 한다. 종래에는 앞서 노비 갑덕의 이야기에서 살펴본 바와 같이 호별로 3년마다 직접 호구단자를 작성해 관에 제출하면, 관에서는 이 내용을 바탕으로 군현 내 모든 면리를 포괄하는 호적대장을 만들어 보관했다.

그런데 1896년 9월 호구조사규칙이 제정되면서 이 방식에 변화가 생겼다. 먼저 호별로 한지 위에 모든 내용을 처음부터 끝까지 직접 적는 방식이었다면, 정부가 새롭게 정한 표 형식의 문서인 호적표를 받아서 양식에 따라 요구되는 내용만 기입하는 방식으로 바뀌었다. 또 3년에 한 번 호구단자를 새로 작성하여 제출하던 예전과 달리 매년 1월에 호적표를 내도록 했다. 호마다 같은 양식의 호적표 2개가 나란히 인쇄된 종이 1장을 관청에 가 구매해야 했고, 이 2개의 호적표에 똑같은 내용을 적어 제출했다. 그러면 해당 관청은 사실관계를 검토하고 관인을 날인한 후에 가운데를 잘라 오른쪽 호적표는 보관하고, 왼쪽 호적표는 호주에게 돌려주었다. 참고로, 예전 호적에서는 호의 대표자를 명시하는 표기가 없어 호마다 맨 처음에 등재되는 사람을 통상 '주호'라 칭했다. 하지만 호적표에는 호의 대표자가 '호주'로 분명히 명시되어 있다.

호적표의 양식을 보면 가장 위쪽에 관할 도·군 단위 행정구역명이 나오고, 바로 아래에 면·리·동 단위 행정구역명과 통호의 번지수를 직접 기입하는 난이 있다. 종래에는 5호를 한 통으로 묶었지만, 이때부터 10호를 한 통으로 묶는 식으로 번지수를 부여하는 방식이 바뀌었다.

이어서 가장 오른쪽에 호주에 관한 정보를 적는 칸이 있는데, 위에서부터 순서대로 호주의 이름과 나이, 본관을 기재하게 되어 있다. 그 아래 호주의 직업을 적는 난이 있는데, 호구단자는 호의 구성원 모두가 '직역(職役)'을 기재해야 했던 것과 달리 호적표는 호주에게만 '직업(職業)'을 쓰게 한 것도 달라진 점이었다. 호주에 이어서 같은 집에 사는 그의 가족을 '동거친속(同居親屬)'으로 구분하여 부모·처·자녀 등 호주와의 관계를 적은 뒤 이름과 나이를 기재하게 했다. 그런데 이전에는 주호 부부 모두의4조에 대한 정보를 기재했다면 새 호적표에는 호주 한 사람의4조만 기재하도록 했다.

가장 아래쪽에는 기존 호적에는 없던 가택(家宅)란을 설정하여, '자기 소유[已有]'의 집인지, '빌린[借有]' 집인지를 표기하게 함으로써 가옥의 소유·임차 관계를 드러낼 뿐만 아니라, 기와[瓦]집인지,

초가[草]집인지 가옥의 형태, 그리고 칸수[間]로 집의 규모까지 표시하게 했다.

나는 광무 연간에 작성된 낡은 호적표 속에서 김영소(金永泝)라는 인물을 만났다. 앞에서도 언급했듯이 기존의 호적과 달리 광무 연간의 호적표에는 '직업란'이 있는데, 이는 신분제 폐지라는 사회 변화를 직접적으로 반영했다는 점에서 의미가 크다. 그런데 김영소 호적표의 직업란에는 독특한 직업이 적혀 있었다. 이 호적표를 수집한 이유이기도 하다. 나는 이 호적표의 직업란을 보면서 갑오개혁으로 신분제가 폐지된 직후 관직에 나아가지 못한 양반들은 자신의 직업을 무엇이라고 적었을지 궁금해졌다. 이번 이야기의 주인공 김영소를 통해 그 궁금증을 풀어보려 한다. 그럼 1898년 1월 김영소가 호적표를 작성할 당시로 돌아가보자.

초가삼간에 사는 양반 신세지만

1898년 1월은 광무 2년으로, 고종이 대한제국을 선포한 직후였다. 전라북도 무주군 인안면 과문리에 사는 26세 김영소는 고민에 빠져 있었다. 새해가 밝은 지 며칠이 지나지 않았는데 옆집 김 통수(統首)가 호적표를 빨리 내라고 닦달이었다. 재작년에 공표된 호구조사규칙에 따르면, 호마다 호주가 직접 호적표를 작성해서 10개의 호를 담당하는 통수에게 내면, 통수는 이를 리의 존위(尊位)에게, 존위는 면의 집강(執綱)에게, 집강은 다시 부·목·군·현의 관청에 면 단위로 묶은 호적표를 제출해야 했다.

영소는 새로운 호구조사가 시작된 첫해였던 지난해, 4푼의 돈을 내고 호적표 용지를 구입한 후 정해진 양식에 맞춰 내용을 기재해 통수에게 제출했었다. 그런데 직업란에 '양반'이라 써냈더니, 이를 두고 군청에서 "양반은 직업이 아니니 다음에는 그렇게 쓰지 말라"라고 꾸짖었다는 것 아닌가? 몇 해 전 갑오개혁 때 신분제가 폐지된 만큼 그 취지에 따라야 한다는 이야기였다. 그게 불과 1년 전 일이었다. '양반이면 양반이지 달리 어떻게 적으란 말인가?' '지금은 비록 초가삼간에 사는 신세지만, 한때는 이 지방에서 알아주던 광산(光山) 김씨(金氏) 양반가의 자손이다.' 김영소는 양반으로서 나름의 자존심을 지키며 살고 싶었다.

며칠 전 김 통수가 찾아왔을 때 영소는 직업란에 양반들은 보통 뭐라고 쓰는지 물어봤었다. 통수는 보통 '사인(士人)'이나 '사(士)', '사업(士業)'이라 쓴다고 답했다. '학문하는 사람'이라는 뜻이다. 혹은 유학을 공부한다는 의미로 '유(儒)'나 '유업(儒業)'이라 쓰는 사람도 있고, '사농(士農)' 또는 '사인작농(士人作農)', 즉 '학문하는 사람으로 농사를 지음'과 같이 '사'와 '농'을 조합해 적는 사람들도 있다고 했다. 신분제도 폐지된 마당에 그냥 '농업(農業)'이라고 쓰는 이들도 꽤 된다고 했다. 한마디로 대한제국은 양반을 어떤 직업명으로 표기해야 할지 대혼란에 빠져 있었다.

아침 일찍부터 김 통수가 호적표를 받으러 영소의 집에 찾아왔

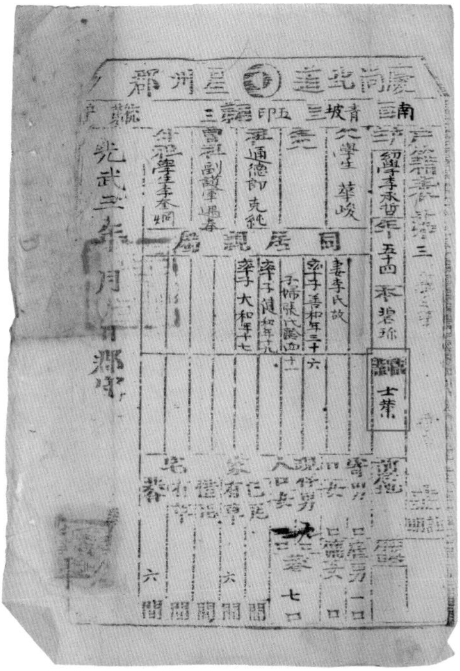

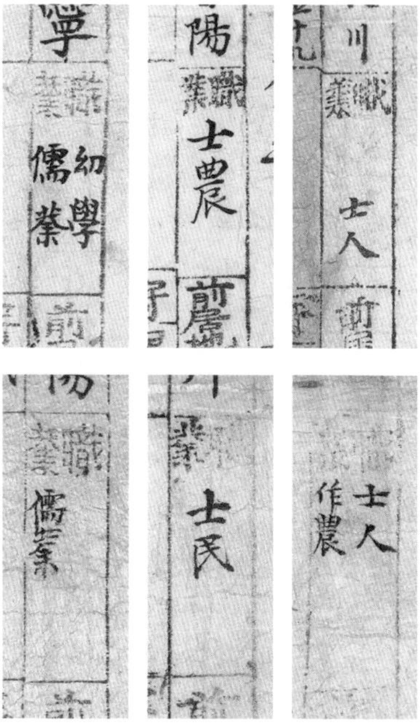

양반을 다양한 직업명으로 표기한 호적표들

왼쪽은 경북 성주군의 이승철이 1899년에 제출한 호적표로 직업란에 '사업(士業)'으로 표시했다(붉은 테두리 부분). 오른쪽은 당시 양반을 다양하게 표현한 호적표를 모은 것이다. '사(士)', '유(儒)'라는 한자를 기본으로 자신이 양반이었음을 드러내고 있다. (박건호 소장)

다. 영소는 통수에게 호적표를 내밀었다. 남 따라 하기 싫어하는 김영소는 과연 뭐라고 적었을까? 김 통수는 영소가 내민 호적표를 받아들고 직업란을 보았다. 거기에는 이렇게 적혀 있었다.

'독서(讀書)'

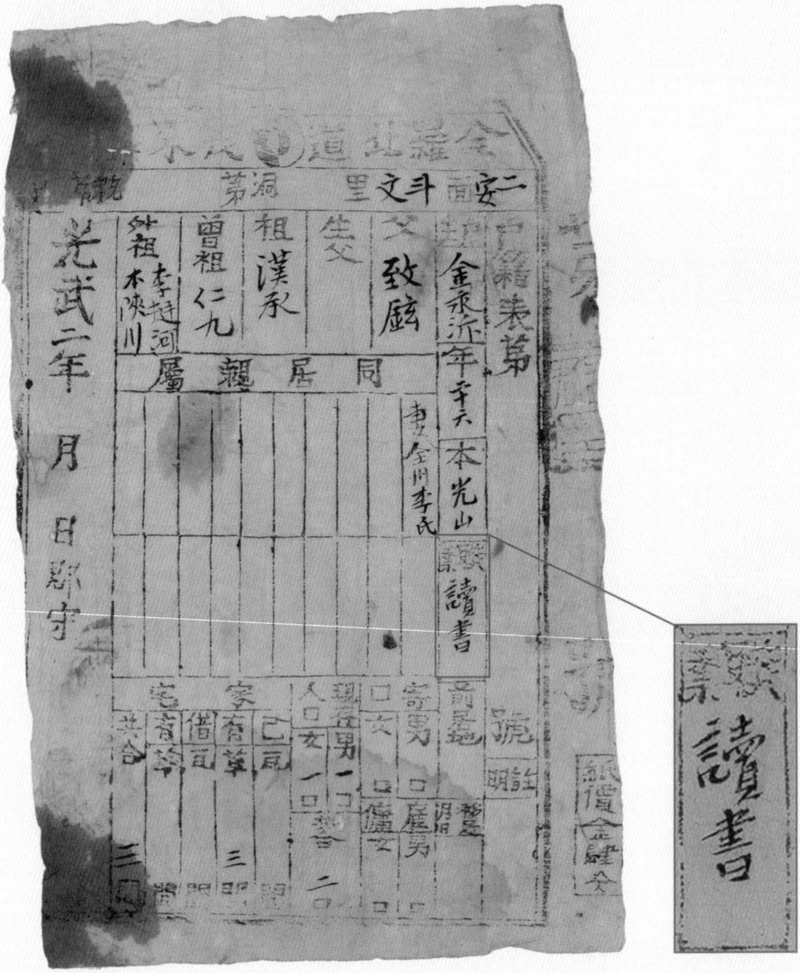

'독서'라는 직업

전남 무안 김영소의 1898년 호적표. 그는 비록 초가삼간에 사는 처지였지만 직업란에 '독서(讀書)'라고 적어 양반으로서의 자존심을 지키고자 했다. 광무 연간 호적표에 직업을 독서로 표기한 경우는 매우 드물다. (박건호 소장)

김영소는 만족스러운 표정으로 통수를 바라보았다. '내 비록 지금은 농사를 짓는 처지지만, 그래도 양반 출신 아닌가?' '독서야말로 양반의 자존심을 지키면서 권위도 살리는 직업명 아닌가?' 김통수는 한바탕 웃고 말았다. 그 웃음소리에 겸연쩍은 듯 영소도 따라 웃었다. 둘의 웃음소리에 놀란 참새가 푸드덕 하늘로 날아올랐고, 어느덧 저 멀리 아침 해가 떠오르고 있었다.

세 번째 장면, 전당포를 찾아간 양반 신상덕

"나 전당포 한다. 금이빨 빼고 모조리 씹어 먹어줄게!" 2010년 개봉한 영화 〈아저씨〉 속 주인공 차태식(원빈 분)의 유명한 대사이다. 영화는 당시 젊은이들에게 생소한 공간이었을 전당포(典當鋪)에 대한 관심을 불러일으켰다. 전당포는 물건을 담보로 잡고 돈을 꾸어 주는 곳이다.

근대적 전당포는 1876년 개항과 함께 일본의 은행이 개항장에 들어오고 이를 통해 일본의 상업자본이 밀려 들어오면서 하나둘 생기기 시작했다. 조선이 전당포에 대한 법체계를 갖춘 것은 대한제국 선포 직후인 1898년 11월 '전당포 규칙(典當鋪規則)'을 발표하면서부터였다. 전당포에서는 토지와 집 같은 부동산 관련 문서는 물론, 비녀와 가락지 같은 패물, 의복과 솥 같은 가재도구 등 쓸 수 있는 모든 물건이 담보물이 될 수 있었다. 특히 일본의 상업자본이

1920년대 조선의 전당포 모습

(출처:《일본지리풍속대계》)

조선의 토지를 취득하는 데 전당업을 이용하면서 전당포는 빠르게 조선에서 자리를 잡아갔다. 이제 이번 에피소드의 주인공 신상덕(申相德)을 만나보자.

2010년 나는 한 장의 전당표(典當票)를 손에 넣었다. 전당표란 맡긴 물건을 담보로 돈을 내주었다는 증거로서 전당포에서 돈을 빌리는 사람에게 발행하는 쪽지다. 여기에는 맡긴 물건, 빌린 액수, 변제 조건 등이 기록되어 있다. 신상덕이 찾은 곳은 '초동전당포(草洞典當鋪)'라는 곳이었다. 흥미로운 것은 현재 남아 있는 대한

제국기 전당표 대부분이 초동전당포에서 발행한 것이라는 사실이다. 초동전당포가 있던 초동(草洞)은 예전 스카라극장 앞 일대 극장가로 유명했던 충무로 부근이다. 초동의 본래 이름은 초전골[初戰谷]이었다. 조선 개국 초 이방원이 사병을 일으켜 이복동생 이방번과 이방석을 죽이고 개국공신 정도전과 남은을 제거하자(1398, 제1차 왕자의 난) 격분한 이성계가 군대를 보냈는데, 첫 싸움이 벌어진 곳이라 하여 초전골로 불렸다고 한다. 어쨌든 신상덕은 초동전당포를 방문해 무언가를 맡기고 돈 15냥을 빌렸다. 전당표에 적힌 날짜는 '경술년 5월 10일', 즉 1910년 5월 10일이다. 대한제국이 일본에 강제 병합되기 3개월여 전이다. 신상덕은 나라가 망하기 직전 무슨 물건을 맡기고 돈을 빌린 것일까? 역시 상상력을 가미하여 신상덕이 전당포를 찾던 그날로 가보자.

한양에 사는 몰락 양반 신상덕은 혹독한 춘궁기(春窮期)를 겪고 있었다. 가을 곡식은 이미 떨어지고 햇보리는 아직 나오기 전으로 태산보다 높다는 보릿고개. 첩첩산중으로 신상덕은 노모의 병시중과 딸아이 혼사까지 겹쳐 가정 형편이 말이 아니었다. 가난은 나라님도 구제하지 못한다고 애써 자위해 보지만, 지금은 나라님이 있기나 한지조차 의심스러운 상황이었다.

5년 전인 을사년에 나라는 일본에 외교권을 박탈당했고, 3년 전에는 고종 황제가 강제 퇴위당하고 고등 관리 인사권과 군사권, 사법권 등 국권을 하나씩 침탈당했다. '이게 나라냐' 싶을 정도로 대한제국은 껍데기만 남았다. 재작년에는 전국의 의병이 13도 창의군을 결성해 이인영(李麟榮)과 허위(許蔿) 주도로 서울진공작전(1908)을 전개했으나 동대문 근방에서 일본군에게 패퇴하고 말았다. 엎친 데 덮친 격으로 작년에는 일제가 소위 남한 대토벌 작전(1909)을 전개해 의병운동이 가장 활발했던 호남의 의병 세력을 궤멸시켜버렸다. 가난은 늘 가까웠지만, 나라는 늘 멀리 있었다. 멀리만 있는 게 아니라 무기력하고 무능력했다.

신상덕은 몇 가지 물건을 전당포에 맡기고 돈을 빌리기로 작정했다. 그런데 아무리 뒤져봐도 돈 될 만한 것이 눈에 보이지 않았다. 몇 년 전 죽은 아내가 남기고 간 가락지와 비녀는 이미 작년에 팔아 생계에 보탠 터였고, 쓸 만한 무쇠솥이 하나 있긴 했지만 그걸 맡기면 당장 곡식 끓일 데가 없으니 차마 그럴 수는 없는 노릇이었다. 이때 신상덕의 눈에 들어온 것이 있었으니, 바로 탕건이었다. '그래, 탕건을 전당포에 맡기자.' 이리저리 세간을 뒤져보니 탕건이 5개나 나왔다. 탕건은 조선시대 벼슬아치가 망건 위에 쓰던 일종의 관(冠)이다. 망건은 상투 튼 머리카락이 흘러내리지 않도록 이마에 두르는 물건이고, 탕건은 그 망건 위에 쓰는 물건이다. 탕건은 앞쪽은 낮고 뒤쪽이 높아 턱져 있는데, 말총으로 만들었다. 조선의 사대부는 평상시 집안에서는 탕건만 쓴 채 손님을 맞이하기도 했지만, 평소 외출 시에는 그 위에 갓을 썼다.

그러나 조선 후기부터는 양반 사대부뿐 아니라 중인들까지 탕건을 망건 위에 독립된 관모로 사용하기 시작했다. 조선 말기에는 서민의 갓 착용이 허용되고 집안에서 갓 없이 탕건만 쓰는 풍조가

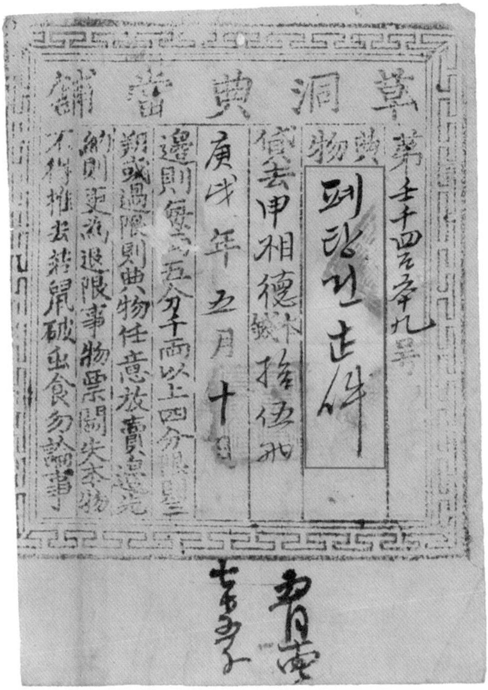

신상덕이 1910년 물건을 맡기고 받은 전당표

신상덕이 초동전당포에 맡긴 물건은 '폐탕건' 5개(붉은 테두리 부분)였다. (박건호 소장)

번지면서 점차 독립된 모자 구실을 하게 되었다. 탕건 모양은 신분에 따라 다소 달랐는데 대체로 양반용은 앞쪽이 낮고 뒤쪽이 높은 2단 구성의 원통형 탕건이고, 평민용은 그냥 원통형이었다. 신상덕이 폐탕건을 맡겼다는 사실만으로 그를 양반이라 단정할 수 없는 이유다. 다만 기왕 상덕을 양반으로 봐주기로 했으니, 이 글에서만큼은 그가 양반이었을 거라 가정하고 그의 발걸음을 다시 쫓아보자.

신상덕이 찾아간 초동전당포는 한양에서 꽤 유명한 곳이었다. 구면인 전당포 주인 박 씨는 신상덕의 딱한 처지를 듣고 폐탕건

조선시대의 탕건

김득신(金得臣)의 풍속화 〈밀희투전〉(1754) 속 투전 중인 네 사람이 모두 탕건(오른쪽)을 쓰고 있다. 망건의 덮개이며 갓의 받침으로 사용되던 탕건은 속칭 '감투'라고도 하는데, 벼슬에 오른다는 의미의 '감투 쓴다'라는 말이 바로 탕건에서 나왔다. 처음에는 관직자만 탕건을 쓸 수 있었기 때문이다. 하지만 엄밀히 말하면 탕건과 감투는 다른 물건이다. 감투는 턱 없이 민틋하게 생겼다. (간송미술관/국립민속박물관 소장)

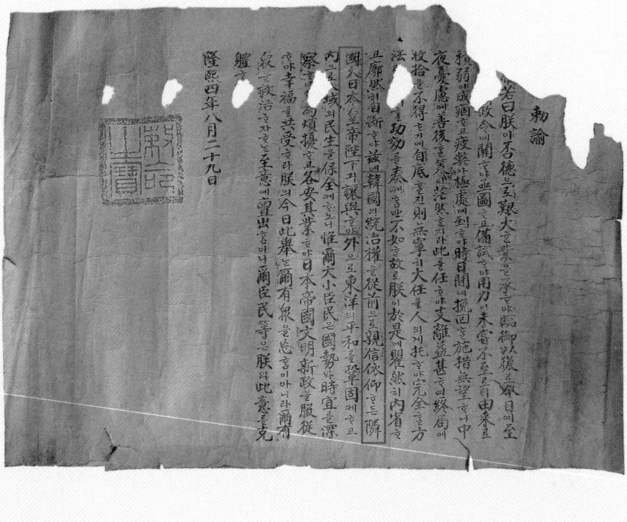

勅諭
若曰朕이否德으로艱大한業을承하야臨御以後로今日에至
政令에關하야亟圖하고備試하야用力이未嘗不至로되由來로
積弱이成痼하고疲弊가極處에到하야時日間에挽回할施措無望하니中
夜憂慮에善後할策이茫然한지라此를任하야支離益甚하면終局에
收拾을不得하기에自底할진則無寧히大任을人에게托하야完全할方
法과革新할功效를奏케함만不如한故로朕이於是에瞿然히內省하
고廓然히自斷하야茲에韓國의統治權을從前으로親信依仰하든隣
國大日本皇帝陛下께讓與하야外으로東洋의平和를鞏固케하고
內으로八域의民生을保全케하노니惟爾大小臣民은國勢와時宜를深
察하야勿爲煩擾하고各安其業하야日本帝國文明新政을服從
하야幸福을共受하라朕의今日此擧는爾有衆을忘함이아니라爾有
衆을救活하자하는至意에出함이니爾臣民等은朕의此意를克
體하라
隆熙四年八月二十九日

순종 칙유

1910년 8월 29일 결국 대한제국은 일본의 식민지로 전락했다. 사진은 한일병합 직후 순종이 국민들에게 내린 칙유(勅諭, 황제의 말씀을 적은 포고문)로 "한국의 통치권을 예전부터 친하고 믿고 의지하고 우러르던 이웃 나라 대일본 황제 폐하께 양여한다(붉은 테두리 부분)"라고 밝히고 있다. (박건호 소장)

하나당 3냥씩 계산하여 15냥을 쳐주겠다고 했다. 다른 사람 같았으면 12냥도 쳐주지 않았을 거라 너스레도 떨었다. 요즘은 단발이 점차 유행하면서 구시대의 물건이 된 탕건은 별 가치가 없다는 것이다. 신상덕은 사람 좋아 보이는 박 씨 말에 연신 허리를 숙여 고마움을 표했다. 조금 일찍 맡겼더라면 하는 아쉬움도 있었다.

신상덕은 전당표를 챙겨 혹시라도 분실할까 조심스레 옷소매에 넣고, 전당포를 빠져나와 집으로 향했다. 이 15냥으로 급한 불은 끌 수 있겠으나 앞으로 어떻게 살지 여전히 걱정인 상덕의 발걸음은 무겁기만 했다. 몰락한 양반이라는 자신의 처지가 한탄스러웠다. 요즘 나라 상황도 뒤숭숭하기 이를 데 없는데, 전당포에 맡기는 폐탕건은 흡사 망해가는 나라 처지 같았다. 만나는 사람마다 대한제국이 곧 일본에 넘어갈 것 같다고 수군거리고 있었다. 문득 스치는 봄바람에 약간의 열기가 섞여 있었다. 이 나라가 이번 봄, 아니면 이번 여름까지는 버틸 수 있을까? 내 가족은 그때까지 무사할까? 온갖 걱정을 짊어지고 터덜터덜 걷던 상덕은 혼잣말을 중얼거렸다.

경술년 나라 꼴이나 내 꼴이나…….

#3 영월에서 울려 퍼진 원망 소리

구한말 장부 한 권에 담긴 수탈 이야기

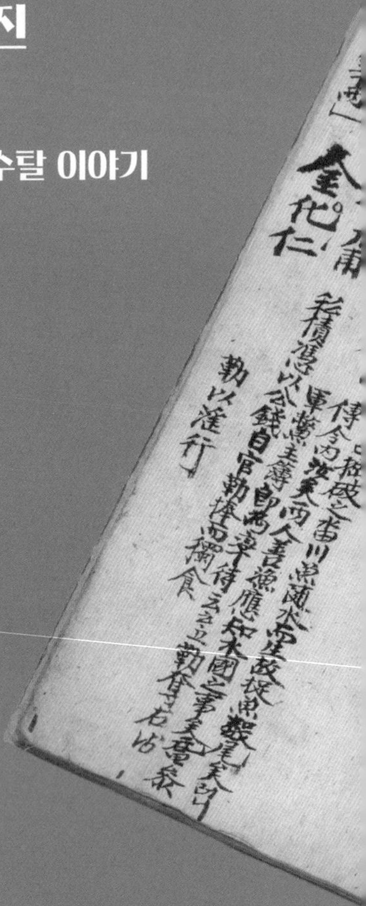

영월군수 강봉원 늑탈민장기

1904년, 표지 19×25cm, 박건호 소장.

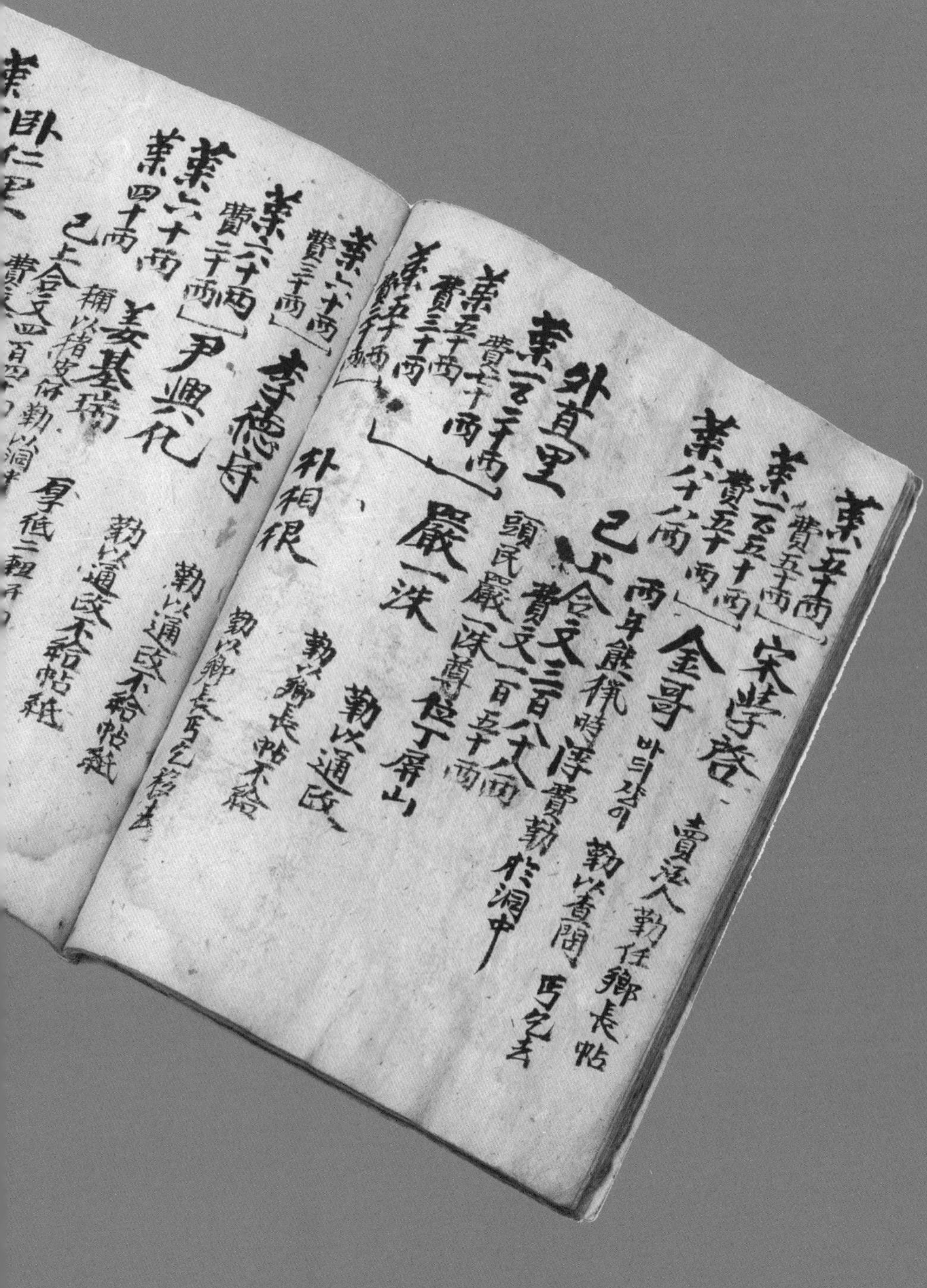
葉一百五十兩 費五十兩 宋學啓 賣還人 勒任鄕長帖
葉一百五十兩 費五十兩
葉六十兩 金哥 바의상이 勒以查問 丐乞去
兩年飢饉時停貰勒於洞中
外直里
葉一百三十兩 費七十兩 己上合文三百八十兩
費文一百五十兩
頭民嚴一洙尊位丁屛山
葉五十兩 費三十兩 嚴一洙 勒以通改
葉五十兩 費三十兩 朴相根 勒以鄕長帖不給
葉六十兩 費三十兩 李德守 勒以通改不給帖紙
葉六十兩 費三十兩 尹興化 勒以通改不給帖紙
葉四十兩 姜基瑞 厚紙二軸
己上合文 費文四百

예나 지금이나 권력을 쥔 위정자 중엔 백성의 고혈을 빨아먹는 탐관오리가 있기 마련. 동학농민운동의 원인을 제공한 고부군수 조병갑을 학생들에게 설명할 때마다, 나는 ‘불효세’와 ‘불목세’를 이야기해주곤 한다. 효도하지 않거나 가정이 화목하지 못하다며 걷는 세금이라니, 이 무슨 말도 안 되는 구실인가? 다만 책에서 눈동냥으로 본 내용일 뿐 실제로 그런 세금을 걷었는지는 반신반의했다. 그러던 중 손에 들어온 한 장부로 그보다 더 기이하고 집요한 수탈이 실재했음을 확인할 수 있었다.

젖가슴에 세금을 물리다

영국의 식민 지배를 받던 인도의 토후국(土侯國, 인도에서 영국의 지도와 감독 아래 현지인 전제 군주가 통치하던 나라) 트래방코르(Travancore)에는 '물라카람(Mulakaram)'이라는 기이한 세금이 있었다. 그곳에서는 카스트 제도상 신분이 낮은 여성이 가슴을 가리는 게 허용되지 않았다. 만약 가리고 싶다면 '유방세(breast tax)'를 뜻하는 물라카람을 내야 했는데, 세금을 내지 않고 가슴을 가리고 다니다 걸리면 비싼 벌금을 물어야 했다. 세금 징수 방법은 더 황당했다. 세금 징수원이 여성의 유방을 일일이 손으로 만져 크기를 측정하고, 그 크기에 따라 세금 액수를 달리 부과했다. 이에 대한 저항이 없었을 리 없다.

이 토후국에는 난겔리(Nangeli)라는 이름의 하층민 여성이 있었다. 세금 징수원이 유방세를 부과하기 위해 집에 찾아오자 그녀는 부당한 과세에 맞서 자신의 유방을 칼로 도려낸 후 징수원에게 내밀었다. 그리고 과다출혈로 사망하게 된다. 사건이 일어난 후 얼마 지나지 않아 유방세는 폐지되었는데, 사람들은 그녀가 살던 곳을 '물라치파람부(Mulachiparambu)'로 불렀다고 한다. 그곳 말로 '젖가슴 여인의 땅'이라는 뜻이다.

인도의 이 믿기지 않는 이야기는 약 한 세기 전인 1900년대 초의 일이다. 그런데 그 무렵 우리 영월 땅에서도 비슷한 일이 벌어지고 있었다. 비록 유방세는 아니었지만, 세금 같기도 하고 벌금 같기도 한 괴이한 명목으로 백성들이 수탈에 시달리고 있었다.

영월군수의 세금 강탈 장부를 발견하다

2008년 4월 흥미로운 장부 한 권을 수집했다. 표지 한가운데에 세로로 '광무 9년 갑진 10월 16일(光武九年甲辰十月十六日)', 왼쪽 끝에 역시 세로로 '영월군수 강봉원 늑탈민장기(寧越郡守姜鳳元勒奪民贓記)'라 쓰여 있었다. 제목만 놓고 보면 영월군수 강봉원이 군민을 강압적으로 수탈한 내용을 기록한 장부다. 내용을 얼핏 보니 면과 리 단위 지역명이 나오고, 위에서부터 돈의 액수와 사람 이름, 돈을 빼앗긴 이유가 개인별로 적혀 있었다. 장부에는 '불효', '불목'을 포함해 별의별 이유가 다 적혀 나온다. 대략 50쪽 분량의 이 장부는 극히 일부분만 한글이 섞여 있을 뿐 대부분 한자로 기록되었다.

글씨체는 일정해서 한 사람이 쓴 것으로 보인다.

무엇보다 문서의 진위부터 따져봐야 했다. 옛 기록물을 다룰 때 제일 먼저 거쳐야 할 과정이다. 나는 강봉원이 실존 인물인지부터 확인했다. 《조선왕조실록》에는 안타깝게도 '강봉원'이란 이름이 단 한 건도 검색되지 않았다. 처음에 이 기록의 신빙성을 의심한 이유다. 그런데 《승정원일기》에서 그에 대한 기록이 몇 건 발견됐다. 《승정원일기》가 《조선왕조실록》보다 더 방대한 기록이라더니 정말로 그랬다.

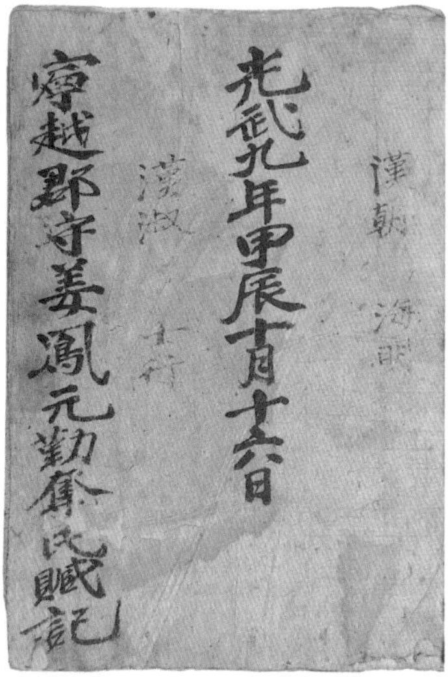

영월군수 강봉원 늑탈민장기의 표지

강봉원, 실제로 그는 1904년경 강원도 영월군수로 재직한 인물이었다. 《승정원일기》에 따르면 강봉원은 단종의 능인 장릉(莊陵) 소속 참봉(參奉, 종9품의 최말단직 관리)을 지낸 후 홍릉(洪陵, 명성황후의 능) 이전을 목적으로 설치한 천릉도감(遷陵都監) 감조관(監造官)을 거쳐 비서원 승(丞)을 역임했다. 그러다가 1902년 7월 영월군수에 임명되었고, 1905년 1월에 중추원 의관(議官)에 제수되었다. 이를 근거로 계산해보면 강봉원이 영월군수로 근무한 기간은 대략 2년 6개월이다.

이 장부가 작성된 시점은 강봉원이 영월군수를 마칠 즈음이다. 이상한 것은 장부 표지에 '광무 9년 갑진'이라 쓰여 있다는 사실인데, 광무 8년(1904)이 갑진년이고 광무 9년(1905)은 강봉원이 영월군수 직을 떠난 을사년이기 때문이다. 이를 고려하면 장부 표지의 '광무 9년'은 '광무 8년'의 오기로 보인다. 광무 8년 갑진 10월 16일은 양력으로 1904년 11월 22일이다. 그러므로 이 장부는 영월군수 강봉원이 임기를 마치기 대략 두 달 전에 작성됐거나 제출된 것이라 볼 수 있다.

강봉원이 1904년경에 영월군수로 근무한 게 사실이라면, 그다음은 〈영월군수 강봉원 늑탈민장기〉(이하 〈늑탈민장기〉)에 적힌 내용의 신빙성을 따져볼 차례다. 일 꾸미기 좋아하는 무리가 불순한 목적을 가지고, 불철주야 군민의 일을 살핀 영월군수를 모함하는 장부를 만들었을 가능성도 있지 않겠는가? 민중은 항상 선한 존재이고, 수령은 늘 수탈자인 것은 아니다. 이런 생각으로 나는 역사 기록과 자료를 찾아 면밀히 대조했다. 그 결과 장부 속 수탈 내용이 상당히 믿을 만하다는 결론을 내렸다. 이유는 다음과 같다.

첫째, 장부에 기록된 총 7개 면, 57개 리, 227명의 백성이 당한 수탈 내용이 지나칠 정도로 구체적이고 상세하다. 군수를 음해하려는 목적으로 가짜 문서를 만들었다고 보기에는 무리가 있다. 또한 수탈 내용을 기록할 때 각 마을 이름 밑에 대표 격인 '존위(尊位)'와 '두민(頭民)'의 이름을 먼저 밝혔다. 일종의 '증언 실명제'인 셈이다. 이는 기록에 대한 신뢰를 높여준다.

둘째, 당시 영월군수 강봉원에 대한 치적평(治積評) 때문이다. 1900년대 초반에는 특이하게도 신문에 지역 군수들에 대한 관찰사의 간단한 치적평과 함께 상·중·하의 근무 평가가 실렸다. 그런데 영월군수 강봉원에 대한 평가는 해를 거듭할수록 나빠지고 있다. 1903년 2월 19일자 《황성신문》에는 부임 첫해에 대한 결산으로 "정귀유항(政貴有恒)하고, 치고무자(治固無疵)"라는 꽤 좋은 평이 실렸다. '정치는 항상성이 있음을 귀하게 여기고, 다스림은 본디 흠이 없다'라는 뜻이다.

이듬해 1903년을 결산하는 1903년 11월 12일자 신문에는 전체적으로 긍정적인 평가가 실렸지만 끝에 "비옥지망(緋玉之望)이 자별(自別)"하다는 평이 슬쩍 덧붙여졌다. '당상관 관복에 대한 꿈이 본디부터 남다르다'라는 뜻인데, 그가 매우 출세 지향적인 인물임을 꼬집는 표현이다. 게다가 강봉원의 그해 근무 성적은 신문이 아닌 《승정원일기》에 실렸는데, '중'으로 좋은 편이 아니었다. 전국의 군수 대부분이 근무 성적으로 '상'을 받았기 때문에, 당시 내부대신(內部大臣) 임시 서리(署理) 김규홍(金奎弘)은 고종 황제에게 1903년에 근무 성적 '중'을 받은 군수만을 따로 보고했다. 여기에는 영월군수 강봉원을 포함해 전국 23개 군의 군수 이름이 언급되고 있다.

그런데 그가 마지막으로 받은 1904년의 근무 성적은 의미심장하다. 1905년 3월 4일자 《황성신문》에는 강원도 지역 군수들에 대한 평가가 실려 있다. 이 보도에 따르면 '상'이 17명, '중'이 6명, 그

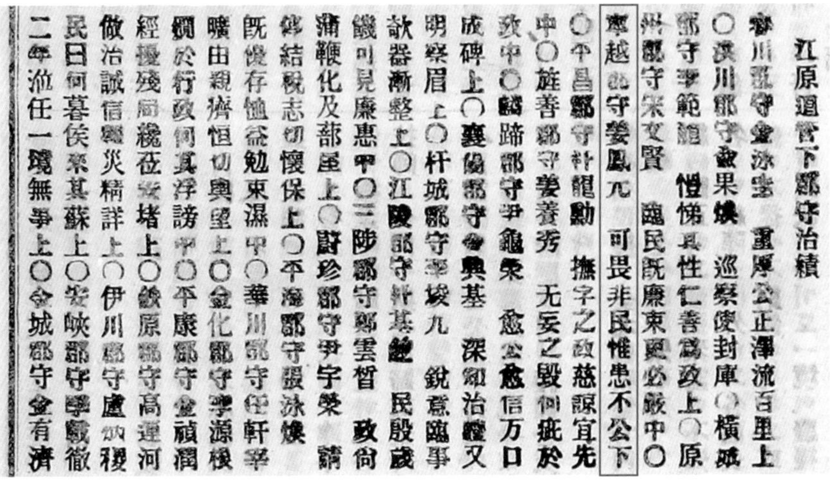

江原道管下郡守治績
春川郡守金泳圭 重厚公正澤流百里上
○洪川郡守兪果煥 巡察使封庫○橫城
郡守李範培 愷悌其性仁善爲政上○原
州郡守朱文賢 臨民旣廉束吏必嚴中○
寧越郡守姜鳳九 可畏非民惟患不公下
○平昌郡守朴龍勳 撫字之政慈諒宜先
中○旌善郡守姜養秀 无妄之毁何疵於
政中○麟蹄郡守尹龜榮 愈公愈信万口
成碑上○襄陽郡守金興基 深知治體又
明察眉上○杆城郡守李塽九 銳意臨事
歙器漸整上○江陵郡守朴基鎭 民殷歲
饑可見廉惠中○三陟郡守鄭雲哲 政尙
簡靜化及部屋上○蔚珍郡守尹宇榮 請
斜結稅志切懷保上○平海郡守張泳煥
旣優存恤益勉東濕中○華川郡守任軒宰
曠由親濟恒切興望上○金化郡守李源棧
觀於行政何其浮謗中○平康郡守金禎潤
經擾殘局纔莅安堵上○鐵原郡守高運河
倣治誠信變災精詳上○伊川郡守盧炳稷
民曰何暮侯來其蘇上○安峽郡守學徽
二年涖任一境無事上○金城郡守金有濟

근무 성적 ‘하’와 혹평을 받은 영월군수 강봉원

《황성신문》 1905년 3월 4일자 ‘강원도 관하 군수 치적’ 기사. 당시 강원도는 총 27개 군으로 편제되었는데, 3개 군은 이 평가에서 제외되었다. 2개 군은 군수가 부임하지 않은 곳이었고, 1개 군은 군수가 봉고(封庫, 비위 사실이 적발되어 관서의 창고가 봉해짐) 처분을 받았기 때문이다. 붉은 테두리 부분이 강봉원에 대한 혹평으로, 그는 강원도 군수 24명 중 유일하게 근무 성적 ‘하’를 받았다.

리고 ‘하’를 받은 유일한 군수가 있었으니, 바로 영월군수 강봉원이다. 거기에 덧붙여진 짧은 치적평은 〈늑탈민장기〉가 결코 조작된 것이 아님을 암시한다.

> 두려워할 만한 것은 백성이 아니겠는가 [可畏非民]
> 오직 공정하지 못한 것을 걱정할 뿐! [惟患不公]

도대체 영월에서 무슨 일이 있었던 것일까? 평가 점수 '중'을 받는 것도 왕에게 따로 보고될 만큼 드문 일인데, 강봉원은 도대체 무슨 이유로 혼자서 혹평과 함께 평가 점수 '하'를 받은 것일까?

장부 작성의 주모자

그렇다면 〈늑탈민장기〉는 누가, 무슨 목적으로 작성한 것일까? 이 장부는 수탈한 자가 아니라 수탈당한 자들의 편에서 기록한 것이다. 총 227명에 대한 개인별 기록은 대부분 성과 이름이 나와 있지만, 직업으로 이름을 대신한 사례도 더러 보인다. 예를 들면 용연리의 '김가(金哥) 바디장이(베틀에 딸린 기구인 바디를 만드는 사람)', 양연리의 '김 오위장(五衛將)', 군하의 '도우탄(屠牛坦, 소를 잡는 백정)', 진동리의 '양사공(兩沙工, 두 명의 사공)' 식이다.

이 개인별 수탈 내용은 리(理), 즉 마을별로 정리되어 있는데, 마을의 대표인 두민과 존위 두 사람의 이름을 앞세워 내용을 보증했다. 일부 마을은 두민과 존위를 합쳐 '두존(頭尊)'이라 쓰고 한 사람의 이름만 적은 곳도 있다. 그러므로 〈늑탈민장기〉는 영월군 관내의 면과 리의 대표인 두민과 존위 들이 공동으로 수탈 내용을 조사해 작성한 것으로 추정된다. 다만 이들을 규합한 인물이 누군지는 알 수 없다. 그가 장부 작성을 주도한 인물일 것이다.

그렇다면 이 장부를 작성한 이유는 무엇일까? 장부를 군수 강봉원에게 올려 시정을 요구하려던 것으로 보이지는 않는다. 수탈 내역이 너무 적나라해서 군수에게 올렸다가는 이를 빌미로 전보다 더 큰 수난을 당했을지도 모른다. 혹 군수보다 높은 자리에 있는 어떤 인물에게 수탈상을 고발하고 도움을 얻고자 만든 것이 아니었을까? 그렇다면 그 대상은 누구였을까?

먼저 지방관 감찰을 목적으로 중앙에서 파견한 암행어사를 생각해볼 수 있겠다. 지방관들의 수탈이 심할 때마다 정부가 암행어사를 파견한 역사가 있지 않던가? 그런데 이 장부가 암행어사에게 전달되었을 가능성은 희박하다. 장부가 만들어진 1904년은 암행어사 제도가 폐지된 뒤이기 때문이다. 암행어사 제도는 1896년 74세의 정2품 암행어사 장석룡(張錫龍)의 보고서를 끝으로 역사 속으로 사라졌다.

암행어사가 아니라면 그다음으로 생각해 볼 수 있는 사람은 강원도 관찰사다. 오늘날 도지사에 해당하는 관찰사는 지방 수령의 직속상관으로서 수령을 감독하는 자리였다. 〈늑탈민장기〉가 강원도 관찰사에게 보고되었을 가능성은 충분하다. 강원도 관찰사의 영월군수에 대한 근무 평가가 이맘때 '중'에서 '하'로 떨어졌기 때문이다. 관찰사가 군수에 대해 "두려워할 만한 것은 백성이 아니겠는가. 오직 공정하지 못한 것을 걱정할 뿐!"이라는 매우 이례적인 평을 남긴 것도 그런 가능성을 뒷받침한다.

〈조선왕조실록〉을 검색해보니 1904년 무렵 강원도 관찰사는 지나칠 정도로 빈번하게 교체되고 있었다. 1904년 2월부터 4월까지 두 달 동안에만 무려 다섯 명의 관찰사가 검색되었다. 이근택, 김정근, 이종건, 이근교를 거쳐 1904년 4월 27일 주석면(朱錫冕)이 강원도 관찰사에 임명되었는데, 그나마 주석면의 재임 기간이 다른 관찰사에 비해 긴 편이었다. 〈늑탈민장기〉가 작성된 때는 1904년 양력 11월 22일이므로 만약 이 문서가 관찰사에게 전달되었다면, 그 관찰사는 주석면이었을 가능성이 높다.

관찰사의 치적평이 나쁘게 바뀌었다는 사실만으로 이런 추측을 내린 것은 아니다. 영월군수에서 물러난 강봉원의 이후 행적에도 이상한 점이 있다. 《승정원일기》에 따르면 강봉원은 영월군수 임기를 마친 후 한성의 중추원 의관에 임명되었다. 임명 날짜는 양력 1905년 1월 18일이었다. 그런데 단 3일 뒤에 그가 '의원면직(依願免職, 본인이 청하여 그 직위에서 물러남)'했다는 기록이 나온다. "비옥지망이 자별"하다고 평가받을 만큼 출세에 욕심이 많았던 그는 왜 3일 만에 중추원 의관 자리에서 물러난 것일까? 혹시 그가 영월에서 자행한 가혹한 수탈 행위가 관찰사를 통해 중앙정부에 알려진 것은 아니었을까? 이렇게 자신에 대한 부정적인 인사 평이 떠돌자 자의 반 타의 반으로 자리를 포기한 것은 아니었을까?

빼앗아 가는 분께 수고비를!

〈늑탈민장기〉는 대한제국기 영월군수가 '선사'한 백성 수탈의 '종

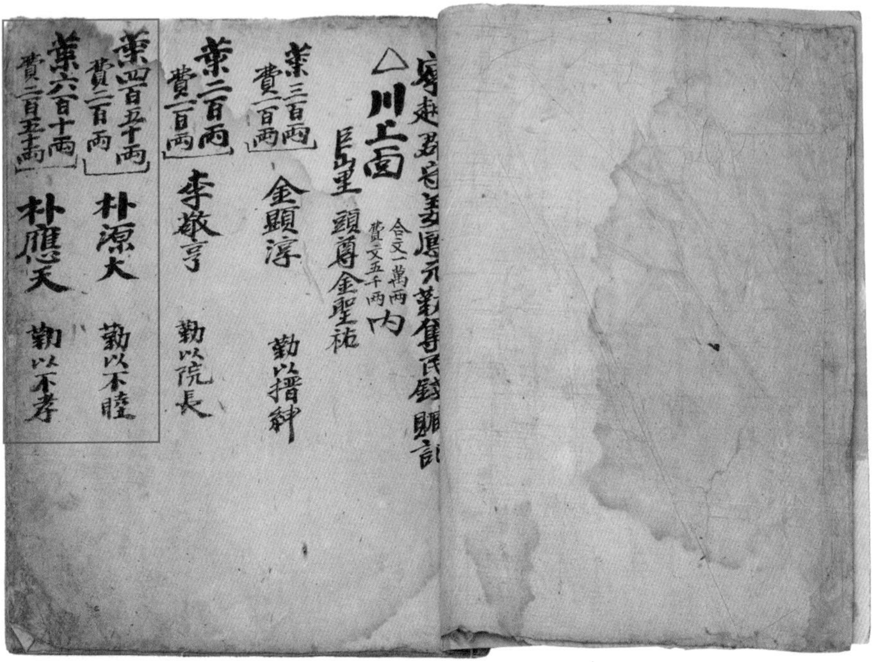

불목과 불효에 대한 대가

〈늑탈민장기〉의 천상면 거산리 부분이다. 붉은 테두리 부분이 박원대(朴源大)가 불목했다는 이유로 엽 450냥과 비 200냥을, 박응천(朴應天)이 불효했다는 이유로 엽 610냥과 비 250냥을 바쳤다는 내용이다.

합 선물 세트'였다. 영월군수는 상상할 수 있는 모든 명목으로 군민을 수탈했다. 민중의 피와 눈물이 담긴 이 분노의 기록은 역설적으로 강봉원의 촘촘한 수탈상을 입증해주는 장부가 되었다. 장부에 기록된 수탈 명목은 대부분 '늑이(勒以)'로 시작하는데, '늑(勒)'은 '강압하다', '억압하다'라는 뜻이다. 그러므로 '이런저런 명목으로 강압하여 걷어갔다' 정도로 해석하면 된다. 예를 들면 천상면 거산리에 살던 박응천은 '늑이불효(勒以不孝)', 즉 불효했다는 명목으로 엽 610냥, 비 250냥을 수탈당했다. 같은 마을의 박원대는 '늑이불목(勒以不睦)', 즉 화목하지 못하다는 명목으로 엽 450냥, 비 200냥을 내야 했다.

여기서 하나 짚고 넘어갈 부분이 있다. 수탈 액수를 대부분 '엽(葉) ○○냥'과 '비(費) ○○냥'으로 나누어 기록하고 있는 점이다. '비'는 '엽'에 비해 조금 작은 글씨로 왼쪽에 한 줄 낮추어 적었다. '엽'만 있고 '비'가 없는 사례도 드물게 존재한다. 여기서 '엽'은 엽전을 뜻하는 것으로 해석하면 될 것 같다. 그렇다면 '비'는 무엇일까? 정확하게 알 수는 없지만, 조선시대에 이어져온 세금 징수 관행과 관련된 것으로 보인다.

조선시대에는 원래 내야 하는 세금 이외에 수고비를 일정 액수 덧붙여 거두는 관행이 있었다. 이를 '잡비(雜費)' 혹은 '정비(情費)'라 했는데, 이것이 점차 굳어져 《속대전》, 《대전통편》 같은 법전과 《만기요람》(18세기 후반 이후 조선의 재정과 군정을 설명한 책) 등에는 아예 '인정(人情)'이라는 부가세로 항목화된 것을 볼 수 있다. 이에 따르면 인정은 창고를 감독하고 출납을 맡아보는 관원의 노임 등에 보태기 위한 수고료로, 구체적인 액수까지 명시되었다. '인정이 있다'라는 말은 지금은 마음이 따뜻한 사람을 가리킬 때 쓰지만, 조선시대에는 뇌물이나 떡값 바치는 것을 '인정 바친다'라고 했다. 〈늑탈민장기〉의 '비'가 그런 의미라면, 백성을 수탈할 때도 세금에 덧붙여 걷던 일종의 수고료를 그대로 적용했다는 뜻이다.

이제 본격적으로 영월군수의 지방민 수탈 내용을 살펴볼 차례다. 수탈 내용이 너무 많아 편의상 몇 가지 유형으로 분류하여 살핀다.

첫 번째, 〈늑탈민장기〉에서 가장 많이 등장하는 유형으로, 향직(鄕職)이나 품계를 강제로 사게 하는 것이다. 그 자리는 주로 '진신(縉紳)', '장의(掌議)', '원장(院長)', '통정(通政)', '향장(鄕長)' 등이다. 흥미로운 것은 같은 직위라도 가격은 제각각이라는 점이다. 정해진 바 없이 부르는 게 곧 값이었다. 예를 들면 '향장(지방 자치 기구인 향청의 우두머리)'의 경우 옥동리의 방학경은 엽 100냥, 비 30냥인데 비해, 신천리의 김양운은 엽 50냥, 비 30냥, 옹산리의 서학철은 엽 80냥, 비 50냥이다.

신천리의 최성포는 이미 죽어 백골이 된 사람인데 통정을 떠맡겨 남은 가족들이 엽 100냥, 비 50냥을 내야 했다. 조선 후기 악명 높았던 '백골징포(白骨徵布)'가 떠오르지 않는가? 외직리의 이덕수와 윤흥화도 통정 자리를 강매당했는데, 심지어 임명장을 받지도 못했다. 평동리의 홍성택은 진신 자리를 두 차례나 억지로 사야 했다. 처음에는 엽 300냥, 비 50냥이었는데, 두 번째는 양심에 찔렸던지 엽 50냥만 걷어갔다. 향직을 떠맡길 때는 직업이나 신분의 고하도 가리지 않았다. 용연리의 이춘일은 관아에서 심부름이나 하는 사령의 자식인데도 향장첩을 떠맡겼고, 역시 같은 용연리의 송학계는 술 파는 사람인데도 향장 첩지를 강매했다고 장부는 기록하

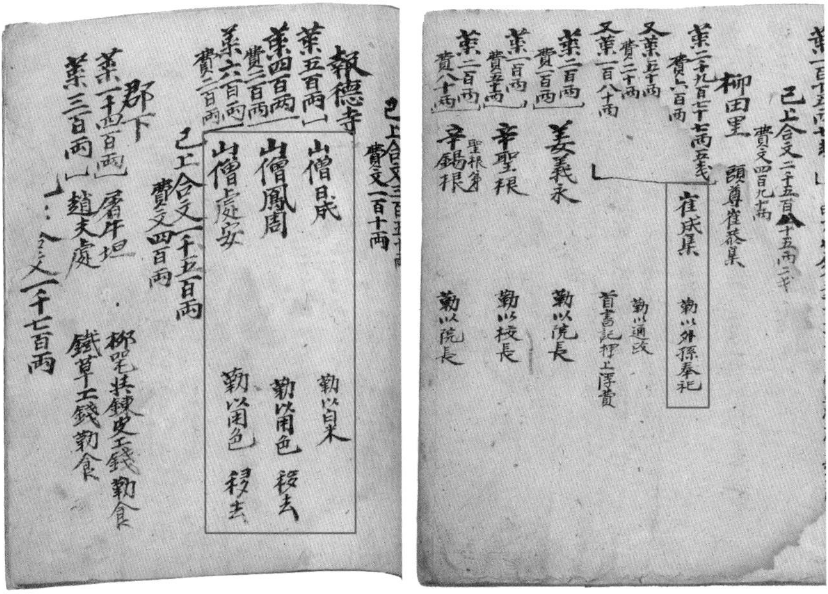

'풍속을 바로잡기 위해 수탈하다'

용색과 백미를 빌미로 보덕사 산승들이(왼쪽), 외손이 제사를 지냈다고 최성집이(오른쪽) 돈을 빼앗긴 사실을 확인할 수 있다.

고 있다.

두 번째, 풍속을 바로잡는다는 구실로 수탈하는 유형이다. 앞에서 이미 언급한 불효와 불목 이외에 많이 등장하는 것이 '음행잡기(淫行雜技)'이다. '음행'은 음란한 행동을, '잡기'는 투전이나 골패 같은 잡스러운 노름을 의미한다. '주색잡기'와 비슷한 뜻이다.

영월의 보덕사란 절도 강봉원의 수탈을 피해갈 수 없었다. 보덕사의 승려 봉주와 처안은 '늑이용색(勒以用色)'의 죄목으로 돈을 뜯

겼는데, 여기서 용색은 남녀의 성관계를 의미한다. 같은 절 승려 일성의 죄목은 '늑이백미(勒以白米)'로, 승려가 백미를 먹은 것이 잘못이었던 모양이다. 유전리의 최성집은 외손이 제사를 모셨다는 이유로 무려 엽 2,977냥, 비 600냥을 바쳐야 했다. 녹반리의 최우현은 천민인 비(婢, 여종)의 아들과 함께 어울려 일을 꾸몄다 하여 돈을 빼앗겼다. 신분제가 폐지된 지 이미 10년이나 지난 때였는데, 신분 관념이 여전히 남아 있었음을 알 수 있다.

세 번째, '존문(存問)'과 '사문(查問)'도 〈늑탈민장기〉에 자주 등장하는 강탈의 구실이다. '존문'은 고을의 수령이 민정을 살피기 위해 그 지방 백성을 방문하던 일을 말하고, '사문'은 수령이 어떤 사실을 밝히기 위해 조사하여 캐어 묻는 것을 말한다. 예를 들면 상동면 녹반리의 안철호는 존문에 응하지 않았다 하여 엽 600냥과 비 300냥을, 하동면 와인리의 황서집과 김서일은 모두 '늑이사문(勒以查問)'으로 각각 엽 60냥과 비 20냥, 엽 50냥과 비 20냥을 바쳤다.

존문과 사문 자체는 문제가 없다. 문제는 수령들이 이를 백성을 수탈하는 수단으로 활용했다는 데 있다. 동학농민운동에 가담했던 학초 박학래가 자서전 형태로 쓴《학초전》에는 지방 수령이 "하다못해 얽을 방법이 없는 살림이 넉넉한 요부(饒富), 신사(紳士)는 사문사(查問事)니 존문(存問)이니 하여 불러 강탈하였다"라는 대목이 나온다. 사문과 존문을 빙자해 백성을 수탈하는 일은 당시 영월만의 문제가 아니었음을 알 수 있다.

네 번째, 동물과 관련된 수탈 사례도 다수 기록되어 있다. 장부는 개인별로 수탈 내역을 정리했지만, 마을 전체를 대상으로 수탈한 내용도 마지막에 덧붙여 써놓았다. 가장 많이 나오는 항목은 곰 사냥 비용이다. 곰 사냥에 필요한 돈을 마을 전체에 부과한 것이다. 이 항목이 등장하지 않는 마을이 거의 없는 것으로 보아 당시 영월 지역에 곰이 많이 서식했고, 곰 사냥이 빈번했던 것으로 보인다. 다만 외직리의 경우만 다른 마을과 달리 돼지 가죽값으로 마을에서 40냥을 걷어갔다.

동물과 관련된 개인 수탈 사례도 보자. 예미촌의 정선오는 눈 속에서 우연히 노루를 주워 녹태, 녹미, 녹신(각각 노루의 배 속에 든 새끼, 꼬리, 음경)을 취했다는 명목으로, 삼옥리의 정삼여는 산표범에게 당한 노루의 사체를 발견하고 녹용을 가져갔다는 이유로 돈을 빼앗겼다. 녹반리의 이성문은 함정에 빠진 호랑이를 잡아 바치면서 수염을 뽑았다 하여, 서면 용정상리의 손경필은 목 졸려 죽은 송아지를 사사롭게 도살했다 하여 수탈당했다. 삼옥리의 정경화는 죽은 뱀으로 아이를 놀라게 했을 뿐인데, 이 일을 살인죄로 몰아 무려 엽 2,000냥과 비 500냥을 바쳐야 했다.

다섯 번째, 특별한 이유 없이 돈을 빼앗긴 사례도 꽤 있었다. 이럴 때는 보통 '무고늑탈(無故勒奪)'이라고 기재했다. 그 수를 세어보니 총 21건이다. 귀에 걸면 귀걸이, 코에 걸면 코걸이! 법은 늘 그런 식이었고, 백성들은 매 앞에 던져진 생쥐 같은 존재였다.《학초전》에서 박학래가 토로한 다음 구절이 가볍게 읽히지 않는 이유이다.

> 관청이 인민의 부모란 말은 거짓말이요, '맑은 하늘이 죄지은 자 벼락 친다'라는 말도 거짓으로 죄지은 자에게 벼락 치는 것을 보지 못하였다. …… 방백 수령이라 하는 사람은 때를 가리지 않고 백성을 털어먹는 강도의 괴수이다.

"원참군과 별주부를 즉시 데려와 대령하라"

마지막으로 눈에 띄는 몇 가지 황당한 사례를 소개하고자 한다. 하동면 대야리의 김운경은 한글로 쓰인 고축문(告祝文, 천지신명께 고하는 글)을 읽었다는 어처구니없는 이유로 엽 150냥과 비 750냥을 내야 했다. 김운경의 경우 엽보다 비로 빼앗긴 액수가 훨씬 많은데, 엽 1,500냥을 잘못 기록한 것이 아닐까 싶다. 내덕리의 문덕노는 '삼십소년늑이수첩(三十少年勒以壽帖)'이라 하여 30세 소년에게 수첩(壽帖)을 억지로 팔아 엽 300냥과 비 100냥을 뜯었다고 표현했다. 수첩은 장수하기를 비는 글을 모은 시첩을 말한다. 30세가 어린 나이가 아님에도, 의도적으로 '소년'이라는 표현을 사용해 수첩을 사기에는 터무니없는 나이였음을 항변하고 있다.

〈늑탈민장기〉 전체를 통틀어 가장 황당한 수탈은 와인리의 주여옥과 김경보가 당한 일일 것이다. 이들이 수탈당한 이유는 장부 전체에서 가장 긴 분량으로 쓰였다. 주여옥과 김경보 두 사람은 자신들 논 옆 개천에서 물고기를 많이 잡았던 모양이다. 관청에서

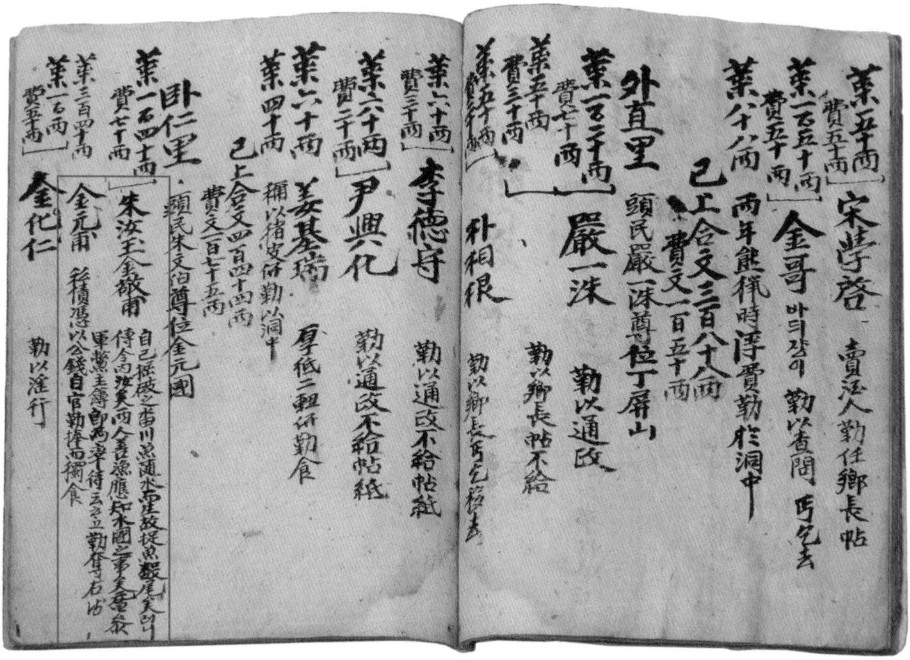

《토끼전》의 주인공을 데려오라며 수탈당한 주여옥과 김경보

한눈에 봐도 긴 분량으로 써 있는 붉은 테두리 부분이 바로 〈늑탈민장기〉에서 가장 황당한 수탈의 구실이다.

온 전령(傳令)이 이를 보고 말하기를 "너희 두 사람은 물고기를 잘 잡으니 마땅히 수국(水國, 용궁)의 일을 잘 알 것이다. 그러니 원참군과 별주부를 즉시 데려와 대령하라[汝矣兩人善漁應知水國之事矣黿參軍鼈主簿卽爲率待]"라고 했다. 여기서 원참군과 별주부는《토끼전》에 나오는 동물로 각각 남생이와 자라를 가리킨다. 우화 속 주인공을 어떻게 데려올 수 있겠는가? 주여옥과 김경보는 둘이 합쳐 엽 140냥과 비 70냥을 뜯기고 말았다. 수탈, 그 기발함의 끝은 어디였을까?

강봉원이 남긴 유일한 기록

마지막으로 남은 일이 하나 있다. 영월에서 강봉원의 흔적을 찾아보는 일이다. 그가 2년 6개월 동안 군수를 지냈다면 분명 어딘가에는 자취를 남겼을 것이다. 먼저 송덕비(頌德碑, 공덕을 칭송하는 비)부터 찾아보자. 지금도 지방 곳곳에는 조선시대 수령들의 공덕을 기리는 송덕비, 영세불망비(永世不忘碑), 선정비(善政碑), 거사비(去思碑) 들이 줄지어 서 있다. 이것만 보면 조선의 지방 통치는 온통 선정과 은혜로 넘쳐났고, 지상낙원이 따로 없었던 것만 같다. 그러나 백성들이 자발적으로 세워준 송덕비가 그중 과연 몇이나 될까?

원래 은혜와 교화를 베푼 관리를 칭송하기 위해 세우는 송덕비의 주인공은 아무나 될 수 없었고, 실제로 그 수도 드물었다. 그런데 조선 후기가 되면서 송덕비 건립이 하나의 관행으로 자리 잡았다. 그리고 그 비석을 세우느라 백성들은 또 눈물을 흘려야만 했다. '입비전(立碑錢)'이란 명목으로 백성들로부터 돈을 걷은 것이다. 정약용도《목민심서》에서 송덕비의 병폐를 지적했다. 이런 폐단을 막기 위해 효종, 숙종, 영조 등 국왕들은 송덕비 건립을 여러 차례 금지하기도 했으나 그 열기를 쉽게 막지 못했다.

조선 후기에 사람들이 송덕비를 어떻게 인식하고 있었는지 보여주는 재미있는 고사가 있다. 수탈을 일삼던 과천 현감이 어느 날 더 좋은 자리로 떠나게 되자, 보좌하던 아전들이 송덕비를 세워주겠다고 했다. 아전들은 현감에게 비문에 어떤 내용을 새길지 물었고, 현감은 "너희들이 알아서 하라"라고 답했다. 얼마 후 송덕비 제막식이 열렸고 현감은 송덕비에 씌워진 천을 벗기고 비문을 확인했다.

오늘 이 도둑놈을 보내노라 [今日送此盜]

현감이 껄껄 한 번 웃더니, 그 옆에 한 줄을 덧붙였다.

내일 다른 도둑놈이 올 터인데 [明日來他賊]

현감이 떠나자 아전이, 그다음엔 지나가던 행인이 또 한 줄씩을 보태 썼다.

도둑놈들만 끝없이 오는구나 [此盜來不盡]
세상에 온통 도둑놈뿐이로구나 [擧世皆爲盜]

강봉원 정도면 그 흔하디흔한 송덕비나 영세불망비가 있지 않았겠는가? 이런 생각으로 나는 영월과 관련된 각종 책과 인터넷 자료를 뒤져보고, 영월문화원에도 문의해봤지만 아무것도 찾을 수 가 없었다. 그도 그럴 것이, 강봉원의 송덕비가 있었다 하더라도 이후에 파괴되었을 가능성이 크다. 실제로 송덕비는 비의 본래 의미가 무색하게 백성들에게는 원성의 대상인 때가 많았다. 백성들은 송덕비가 세워져 있는 비석거리를 지날 때마다 발로 툭툭 치거나 멀리서 돌을 던져 비석을 맞히는 것으로 한풀이를 대신 했다. '비석 치기'라는 놀이가 생긴 유래이다.

송덕비를 통해 강봉원을 찾을 수 없다면, 어디서 그의 흔적을 찾을 것인가? 나는 다시 영월의 문화유산을 하나하나 검색했다. 뜻이 있다면 길은 열린다고 했던가? 의외의 장소에서 강봉원의 흔적을 발견했다. 창절서원(彰節書院)이었다. 여기에 군수 강봉원의 유일한 흔적이 있다. 이 창절서원을 방문해 강봉원의 흔적을 살펴보는 것으로 긴 추적을 마무리하자.

1685년(숙종 11)에 건립된 창절서원은 강원도 영월군 영월읍 영흥리에 있는 서원이다. 이곳은 단종의 복위를 도모하다가 세조에 의해 죽임을 당한 박팽년·성삼문 등 사육신과 김시습과 남효온 등 절개를 지키던 생육신의 위패를 모신 곳이다. 일반적으로 서원의 정문은 외삼문(外三門, 바깥쪽 담에 세 칸으로 세운 대문)인데, 창절서원의 정문은 특이하게 2층 누각 형태이다. 이 문루의 이름은 '배견루(拜鵑樓)'로, 배견은 '두견새에게 머리를 조아린다'라는 뜻인데, 단종이 죽어 두견새가 되었다는 설화를 바탕으로 한 것이다.

1904년 이른 봄 영월군수 강봉원은 창절서원을 찾았다. 매년 봄

영월 청령포

영월은 단종이 세조에게 폐위된 후 유배된 청령포로 유명한 곳이다. 강 건너 보이는 곳이 단종이 유배된 청령포로 이 근처에 단종의 능인 장릉과 사육신 위패를 모신 창절서원이 있다. (출처: 영월군청 홈페이지)

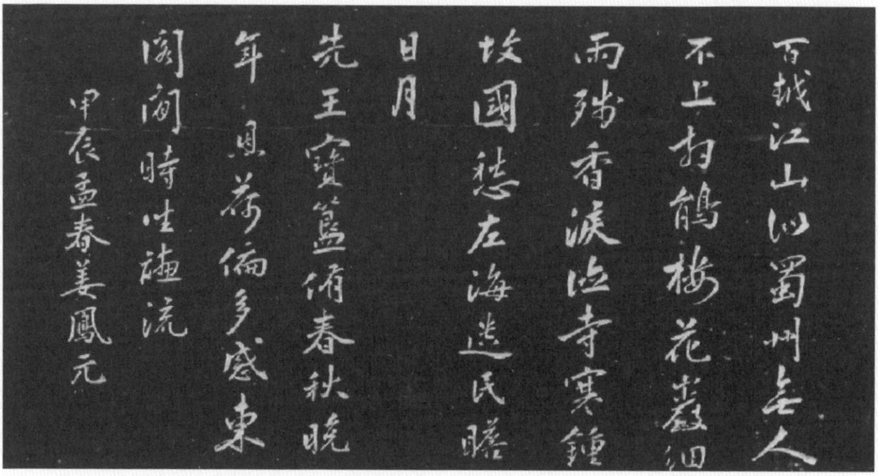

창절서원에 보관된 강봉원의 한시 현판

왼쪽 제일 마지막 줄에 '갑진 맹춘 강봉원(甲辰孟春姜鳳元)'이라고 쓴 부분이 보인다. (출처: 《창절서원지》, 2016)

마다 있던 제사를 지내기 위한 행차였을 것이다. 영월군수로 부임한 지 1년 반이 지난 이때, 그는 제사를 마친 후 배견루에 올라 영월의 자연을 찬양하고 임금의 은혜에 감사하는 시를 지었다. 수탈로 배를 두둑이 불린 그에게 영월은 곧 축복의 땅이었다. 그가 남긴 이 시는 이후 판각되어 창절서원에 남았다.

영월 땅의 산천은 중국 촉주와 비슷하여
배견루에 올라 구경하지 않은 이가 없네
낙화암의 가랑비는 시녀들의 눈물이고
보덕사의 쓸쓸한 종소리는 항수로구나
백성으로 조선의 해와 달을 올려다보고
제기(祭器)로 선왕(先王)께 봄과 가을에 제(祭)를 지내네
늘그막에 성은(聖恩) 입어 감격스럽기가 그지없는데
한가할 때 동쪽 누각에 앉아 물 바라본다

영월군수 강봉원이 배견루에 올라 임금의 성은에 감사하며 충절의 마음으로 쓴 이 시는, 한편으로는 백성의 고혈로 쓰였다. 그의 충성심은 위로는 향했지만 아래로는 결코 향하지 못했다. 그가 이 충절의 노래를 소리 높여 부르고 있을 때 영월 군민들의 허리는 더욱 휘어졌고, 그가 임금의 은혜에 감격할 때 영월 백성들은 피눈물을 흘렸다. 그리고 그들은 〈늑탈민장기〉를 만들기 시작했다.

기록을 중시하는 사람들이 우스갯소리로 하는 말이 있다. '적자

생존', 즉 적는 자가 살아남는다는 뜻이다. 결국 그들이 만든 〈늑탈민장기〉는 지금까지 살아남아 영월군수의 학정을 증언하고 있다. 강봉원의 시가 말해주지 않는 그 시대의 처절한 이야기를 이 장부는 생생히 전하고 있다. 기록하지 않았다면 영원히 묻히고 말았을 그 수탈의 이야기를.

#4 사라진 생도는 어디로 갔을까

3·1운동이 바꾼 학교 풍경

시흥공립보통학교 제7회 졸업식 기념사진

1919년, 26.5×21.5cm, 박건호 소장

始興公立普通學校第七回卒業生
大正八年三月二十五日
Kawahara

교사와 학생들이 일장기를 배경으로 근엄하고도 경직된 자세로 촬영에 임하고 있다. 앳된 학생 옆에 제복 차림으로 칼을 쥐고 앉은 교사. 얼핏 보아도 엄혹하고 살벌한 시대였음을 짐작하게 된다. 이 사진을 수집한 지 11년이 지난 어느 날, 운명처럼 또 한 장의 졸업 사진이 내 손에 들어왔고, 나는 역사의 한가운데에 있었던 학생들의 행방을 찾아 헤매기 시작했다.

숙연한 기운이 감도는 한 장의 졸업 사진

일제강점기였던 1910년대의 모습을 상징적으로 보여주는 장면들이 있다. "조선인은 일본 통치에 복종하든지, 아니면 죽든지 하나를 택해야 한다"라는 협박으로 무단통치를 시작했던 조선총독부 초대 총독 데라우치 마사타케(寺內正毅)의 근엄한 표정, 토지를 조사하고 있는 일본인 관리들, 회초리를 들고 태형을 가하는 헌병 경찰의 모습…….

여기에 결코 빼놓을 수 없는 장면이 하나 있다. 바로 제복을 입고 칼을 찬 교사가 있는 교실 풍경이다. 염상섭의 소설《만세전》(1924)의 주인공 이인화가 일본의 시즈코(靜子)에게 보낸 편지에서 "소학교 선생님이 사벨(環刀, 환도)을 차고 교단에 오르는 나라를 보셨습니까?"라고 물었던 것처럼 1910년대 식민지 조선은 학교 교사들이 칼을 차던 그런 시대였다.

1910년대 졸업식 기념사진

1910년대 식민지 조선에서는 학교 교사들이 제복을 입고 칼을 찼다. 세계 어느 나라 역사에서 교사가 칼을 차는 일이 있었던가? 왼쪽은 1919년 해미공립보통학교의 제5회 졸업 사진이고, 오른쪽은 매동공립보통학교의 제5회 졸업 사진이다. (박건호 소장)

나는 일제강점기였던 1910년대 졸업식 기념사진을 꽤 많이 수집해왔다. 이 사진들에는 다른 시기의 졸업 사진에서 볼 수 없는 묘한 긴장감이 흐른다. 제복과 칼 때문이다. 그중에서도 2005년에 수집한 졸업 사진을 소개하려 한다. 개인 홈페이지에 올렸던 이 사진은 나도 모르는 사이에 여러 교과서와 책에 두루 실려 지금은 꽤 유명해져 있다.

교차하여 걸린 두 장의 대형 일장기는 이 사진을 찍은 때가 일제강점기임을 웅변하고 있다. 사진 아래쪽에는 '시흥공립보통학교 제7회 졸업생 / 대정 8년 3월 25일(始興公立普通學校第七回卒業生 / 大正八年三月二十五日)'이라는 글자가 박혀 있고 사진의 바깥 프레임에는 경성의 가와하라(河原) 사진관 마크가 찍혀 있다. 이를 통해 이 사진이 1919년 3월 25일에 있었던 시흥공립보통학교의 제7회 졸업식 사진임을 알 수 있다.

시흥공립보통학교 학생들의 나날

시흥공립보통학교는 현재 서울시 금천구에 있는 시흥초등학교의 전신인데, 1919년 사진 촬영 당시에는 행정구역상 경기도 시흥군 동면에 속해 있었다. 1910년대 당시 시흥군은 아주 넓어서 오늘날의 시흥시 외에도 동쪽으로 서울 금천구와 동작구 노량진동, 관악구 봉천동, 말죽거리(서초구 양재동 일대), 영등포구, 경기도 군포시까지 아울렀다.

이 학교는 정확한 설립 연도가 알려져 있지 않은 사립 치명학교로 출발했다. 치명학교는 시흥군 동면에 있던 커다란 한옥을 학교 건물로 사용했는데, 1911년 7월 1일 시흥공립보통학교로 전환한 후에도 기존의 치명학교 건물을 그대로 사용했다. 사진 속 바로 그 건물이다. 이곳엔 작은 방이 네 칸 있었는데, 1910년대의 보통학교는 4년제였으므로 학년마다 방 한 칸씩을 교실로 썼을 것이다. 여기에 교무실과 사택이 딸려 있고 교실 앞에는 약 100평 규모의 운

두루마기를 입은 학생

일제강점기 학생의 일반적인 복장을 보여 주는 엽서이다. 두루마기 차림에 가방을 옆으로 멨고, 교모를 손에 들고 있다. 시흥공립보통학교 학생들과 복장이 비슷하다. 그러나 엽서 속 학생은 비가 오는 날이었던지 나막신을 신고 있다. (박건호 소장)

동장이 있었다. 그러다가 1923년 6월 새 건물을 지어 현재의 시흥초등학교 자리로 이전했다.

교사들 뒤에 서 있는 졸업생은 총 19명이다. 1910년대 보통학교는 따로 교복이 없어 검은색이나 흰색 두루마기를 걸치고 교모를 쓰는 게 일반적이었다. 사진 속 졸업생들도 두루마기 색은 조금씩 다르지만, 예외 없이 시흥공립보통학교 마크가 달린 교모를 쓰고 있다. 신발은 짚신이나 가죽신을 신었다. 지금 보기에는 초라한 차림이지만 당시에는 이 보통학교 학생들이 그 또래에게 선망의 대상이었을 것이다. 1920년 통계를 보면 조선에서 일본인 아동의 취학률은 92%였던 것에 반해, 조선인 아동의 취학률은 4%에 불과했으니 말이다.

보통학교 4년 과정을 마치고 졸업하는 학생 중 일부는 상급학교인 고등보통학교로 진학했다. 오늘날 중·고등학교의 통합 과정쯤 되는 고등보통학교는 흔히 '경성고보', '평양고보'와 같이 '고보'라는 줄임말로 불렸다. 그러나 1919년 당시 시흥군에는 고등보통학교가 한 곳도 없었으므로 상급학교에 다니기 위해선 주변의 큰 도시로 유학을 가야 했다. 이런 사정 때문에 사진 속 졸업생들의 고등보통학교 진학률은 높지 않았을 것이다.

그럼 당시 생도(生徒)로 불렸을 이 학생들의 얼굴을 한번 살펴보자. 재미있는 것은 분명 같은 4학년인데 나이 차이가 꽤 있어 보인다는 점이다. 앞줄에 서 있는 학생들은 10대 초반으로 보이지만, 뒷줄의 학생들 중에는 키도 크고 얼굴도 20대 가까이 되어 보이는 학생들이 몇 있다. 당시는 의무교육이 아니었으므로 보통학교 입학생의 나이가 일정하지 않았다. 1915년 《조선총독부 통계연보》를 보면 당시 보통학교 각 학년 최저 연령은 1학년 6.7세, 2학년 7.1세, 3학년 8.8세, 4학년 9.5세인 것에 비해 최고 연령은 1학년 23.2세, 2학년 25.7세, 3학년 25.8세, 4학년 28.6세였다. 최고 학년인 4학년을 기준으로 30세에 가까운 청년과 10세 꼬마가 한 교실에 앉아 공부하는 풍경도 가능했다는 이야기다. 증언에 따르면 당시 보통학교 학생들 중에는 머슴의 등에 업혀 오는 꼬마 도련님이 있는가 하면, 상투를 튼 애아버지도 있었다고 한다.

그럼 나이가 다른 학생들끼리는 어떻게 어울렸을까? 나이 차이가 크면 어린 학생들이 연장자에게 높임말을 했을 것이다. 장유유서의 오랜 관습이 있었기 때문이다. 그러나 차이가 크지 않다면 서로 말을 놓기도 했다고 한다.

이어서 학생들의 성별을 보자. 사진 속 졸업생 19명은 모두 남학생이다. 왜 여학생은 한 명도 없는 것일까? 시흥공립보통학교가 혹시 남학교였던 것일까? 그렇지는 않다. 당시 보통학교는 남학교 여학교가 따로 없었다. 다만 여자는 바느질과 밥만 잘하면 된다는 낡은 인식에 남녀칠세부동석의 관습까지 더해 남녀공학임에도 여자아이를 학교에 보내는 부모가 많지 않았다. 그러므로 원칙적으로 여학생은 안 온 것이지, 못 온 것이 아니다.

그나저나 사진을 촬영한 날짜는 1919년 3월 25일로, 2월 하순이 졸업 시기인 지금과는 한 달 정도 차이가 난다. 이는 1910년대 보통학교의 학기제가 3학기제로 운영되었기 때문이다. 이에 따르면 4월 1일부터 8월 31일까지가 1학기, 9월 1일부터 12월 31일까지가 2학기, 1월 1일부터 3월 31일까지가 3학기였다. 그러므로 3학기가 끝나는 3월 말이 졸업 시기였던 것이다.

터덜거리며 다리에 부딪히는 검은 칼

그런데 내가 이 사진을 수집한 이유는 1910년대 보통학교의 이런 저런 단면에 대한 관심 때문만이 아니었다. 더 중요한 이유는 역시

시흥공립보통학교 제13회 졸업 사진(1925)

시흥공립보통학교는 이해 첫 여자 졸업생을 배출했는데 앞줄 제일 오른쪽에 혼자 앉아 있는 여학생이 보인다. 이 사진을 통해 시흥공립보통학교가 남녀공학이었음을 알 수 있다. 첫 여자 졸업생을 배출한 1925년 이후 그 수는 점차 늘어나 1926년 4명, 1927년 7명, 1928년 9명이었다. 하지만 여전히 남학생이 다수였고 교사들도 모두 남자였기에 여학생을 대상으로 하는 재봉, 수예 같은 수업을 운영하는 데 어려움이 있었다. 초기 여자 졸업생의 증언에 따르면 교사의 부인들이 이런 수업을 맡아서 가르쳤다고 한다. (출처:《서울 시흥초등학교 백년사》)

교사들의 살벌한 복장이었다. 군복처럼 보이는 제복과 칼! 맨 앞줄에 앉아 있는 4명은 모두 교사로 당시에는 훈도(訓導)라고 불렸다. 이들이 착용한 검은색 제복과 제모(制帽), 칼이 시선을 압도한다. 일제는 식민 통치를 시작하면서 지배자의 권위를 드러내고 위압감을 주기 위해 군국주의적인 복제를 제정했다. 초대 조선 총독인 데라우치는 "직원 공무집행의 경우는 특히 소속 장관의 허가를 받은 자를 제외하고 반드시 제복을 착용할 것"이라는 내용의 훈령을 시달했다. 일반 문관은 물론 교사들까지 금테 제복과 제모, 칼을 착용하게 된 연유다. 곧 제복과 칼은 그 시대 권력의 폭력성을 응축해 보여주는 장치였다. 이로써 태(笞, 작고 가는 나무 회초리)를 든 헌병 경찰과 칼 찬 교사로 대표되는 1910년대 폭력성의 상징체계가 완전한 모습을 갖추게 된 것이다. 교사들의 심상치 않은 복장 때문에 학생들도 적잖이 위압감을 느꼈던 것 같다. 당시 보통학교를 다녔던 한 학생의 증언이다.

> 우리는 학교 앞에서 멈췄어요. 옷깃과 어깨, 허리, 팔목 부분에 금장식이 달린 눈부신 검은 제복 차림으로 허리에 칼을 찬 선생님 한 분이 나타나더군요. 모든 일본인 정부 관리들은 칼을 찼는데 교사들도 천황 폐하가 임명한 관리이기 때문에 그렇게 했던 거예요. 열 살밖에 먹지 않은 아이가 그렇게 휘황찬란한 제복에 긴 칼을 찬 사람 앞에 서 있다면 누군들 놀라 자빠지지 않겠어요?
>
> \- 힐디 강, 《검은 우산 아래에서》, 산처럼, 2011

그런데 이 교사들은 교실에서도 칼을 차고 수업을 했을까? 이 사진을 처음 접할 때부터 나는 이런 의문이 들었다. 교사가 어린 학생들 앞에서 칼을 차고 수업을 한다는 게 교사인 나로서는 영 믿기지 않는 일이었기 때문이다. 여러 사정을 따져 보았을 때 그러지 않았을 가능성이 크다는 게 내 결론이다. 무엇보다 칼을 차고 생활하는 것이 매우 불편했을 것이기 때문이다. 염상섭의 소설 《만세전》에는 이런 내 생각을 뒷받침하는 대목이 나온다. 주인공 이인화가 훈도인 사촌 형을 만나는 장면으로, 기차역에서 오랜만에 재회한 형님은 금테 모자에 망토를 두르고 있었다. 그리고 형님은 왼손으로 약 1.2미터 길이의 칼을 꼭 붙들고, 망토 밑으로 터덜거리는 칼이 자신의 다리에 부딪히지 않도록 살금살금 걸어 온다. 칼을 찬다는 것 자체가 수업은 물론 생활하는 데도 몹시 불편하다는 이야기다.

내 결론을 뒷받침할 근거는 비단 이 소설에만 있는 게 아니다. 영화 〈인디아나 존스〉의 주인공 인디아나 존스의 실제 모델로 알려진 미국의 탐험가 로이 앤드루스(Roy Andrews)가 1912년 식민지 조선에서 찍은 영상에도 그 근거라고 할 만한 게 있다. 뉴스로 보도된 적이 있는 이 영상에는 검은색 제복을 입은 교사가 보통학교 학생들을 데리고 어디론가 이동하는 장면이 나온다. 그런데 예상대로라면 왼쪽 다리에 차고 있어야 할 칼이 어디에도 보이지 않는다. 보는 눈이 많은 대낮의 길 한복판에서도 칼을 차지 않았는데, 하물며 교실 내에서 칼을 찼을까 하는 생각이 든다.

시흥공립보통학교 제7회 졸업 사진에서도 제일 오른쪽에 앉은 교사는 칼을 차지 않았다. 졸업식 같은 공식적인 행사 때도 칼을 차지 않았다면 평소에는 복장 관리가 좀 더 느슨하지 않았을까? 위압적인 옷차림이 중요하긴 했지만, 그중 칼 하나를 빠뜨렸다고

식민지 조선의 교사와 학생들

미국인 로이 앤드루스가 1912년에 촬영했다고 알려진 영상 〈Korea〉 중 한 장면으로, 일제강점기 조선의 보통학교 교사와 학생 들의 모습이 보인다. 교사는 제복을 입었지만 칼을 차지는 않았다. 학생들은 검은색과 흰색 두루마기를 입고 있다. (미국자연사박물관 소장)

심각한 법 위반으로 받아들일 정도는 아니었던 모양이다. 결국 공식 복장은 공식 복장이고, 일상은 일상이었던 것이다. 자료를 찾아보니 일제가 1913년에 학교 내에서 수업 또는 평상 업무를 할 때 별도로 제정된 '수업복'을 입도록 허용했다는 내용도 보인다. 이런 정황을 종합해 보건대 무단통치 시절이라는 1910년대라고 하더라도 학생들 앞에서 교사가 칼을 차고 수업하는 교실 풍경을 실제로는 보기 힘들었을 것이다.

사진 속 교사들이 일본인인가 조선인인가 하는 점도 궁금한 점

중 하나였다. 안타깝게도 모두 같은 제복을 입고 있어서 이 사진만으로는 결론을 내릴 수 없었다. 그러나 지금 나는 이들의 민족 구성을 정확히 말할 수 있다. 일본인 교사 한 명에 조선인 교사 세 명이다. 게다가 사진의 오른쪽에서 두 번째 인물이 바로 일본인이고 이 학교의 교장이라고 확신한다. 독자들께서는 내가 이렇게 단정적으로 말하는 이유가 궁금하실 것이다. 관상학을 공부했냐고 물어보실 수도 있다. 사실 내가 이들을 구별할 수 있게 된 것은 우연히 수집한 또 하나의 졸업 사진 때문이었다.

3·1운동이 무너뜨린 일제의 권위

시흥공립보통학교 제7회 졸업 사진을 수집한 지 11년이 지난 2016년 4월, 나는 경매에서 사진 한 장을 발견하고 무척 흥분했다. 앞뒤 재지 않고 바로 수집했다. 바로 같은 학교의 다음 해 졸업 사진, 시흥공립보통학교 제8회 졸업 사진이었기 때문이다. 촬영 일자는 1920년 3월 18일이었다. 동일한 건물 앞에서 역시 교차된 일장기를 배경으로 찍은 사진이었다. 교사는 4명이고, 졸업생은 전해보다 5명이 적은 14명이다. 역시 학생들은 검은색과 흰색 두루마기 차림인데, 이전과의 차이점이라면 모두 교모를 벗고 있다는 점이다. 여자 졸업생이 처음 등장한 1925년의 제13회 졸업 사진엔 남학생 전원이 교모를 쓰고 있으므로 교모가 없어진 건 아니었을 게다. 제7

회 졸업 사진과 달라진 점이 또 하나 있다. 사람들이 정면이 아니라 측면을 보고 있다는 점이다. 사진사가 우리 시대의 속칭 '얼짱 각도'를 알고 있었던 것일까?

이 사진이 흥미로운 것은 3·1운동 이후 교사들의 복장 변화를 보여주기 때문이다. 일제는 3·1운동을 계기로 무단통치에서 소위 문화통치로 통치 방식을 바꾸었다. 이전의 통치가 '채찍'을 휘두르는 것이었다면, 새로운 통치는 '당근'을 물리는 셈이었다. 이때 복제도 변화했는데, 정확히는 1919년 8월 19일부터 관리 및 교원의 제복 착용에 관한 제도가 완전히 폐지된 것이다.

제8회 졸업 사진에는 이러한 변화가 그대로 반영되어 있다. 교사들의 경우 제복과 칼은 온데간데없고, 완연한 민간인 복장이다. 그중 왼쪽에서 두 번째 인물이 교장인 듯했다. 나머지 세 명에 비해 가장 나이 들어 보이기 때문이다. 게다가 그는 일본인일 가능성이 크다. 유일하게 양복을 착용한 데다 일본인 특유의 콧수염을 하고 있기 때문이다. 나머지 교원들은 조선인이다. 흰색 한복 두루마기를 입고 있으니 의심의 여지가 없다. 실제로 시흥공립보통학교뿐만 아니라 1910년대 보통학교는 일본인 교장 한 명에 조선인 교사 다수로 이루어진 교사 조합이 일반적이었다. 앞에서 네 명의 교사 중 한 명만 일본인이고, 나머지는 조선인이라고 단정한 이유 중 하나다.

나는 사진 속 인물들에 대해 더 많은 것이 알고 싶어졌다. 혹시 그들의 이름을 알 수는 없을까? 이를 확인하기 위해 국사편찬위원회가 제공하는 '한국사데이터베이스'를 검색해보았다. 당시 공립

시흥공립보통학교 제8회 졸업 사진(1920)

(박건호 소장)

학교 교사는 공무원이었으니 분명 기록이 남아 있을 것이다. 예측이 맞았다. 조선총독부《직원록》중 '시흥공립보통학교'를 검색한 결과 1919년과 1920년 이 학교에는 기무라 주토쿠(木村重德), 지영태(池泳泰), 최의순(崔義淳), 윤지병(尹址炳) 네 명의 교사가 근무했다. 두 장의 졸업 사진 속 교사 숫자와 민족 구성까지 정확히 일치한다. 그중 일본인 기무라 주토쿠는 제8회 졸업사진에서 유일하게 양복을 입고 있던 인물일 것이다.

재밌는 것은 내가 제7회와 제8회 졸업 사진 속 교사 네 명이 동일 인물이라는 사실을 기록을 뒤지기 전까지 한참이나 눈치채지 못했다는 것이다. 왜 그 사실을 금방 알아채지 못했을까? 역시 제복과 칼 때문이었다. 그 때문에 제7회 졸업 사진 속의 교사들과 제8회 졸업 사진 속의 그들은 마치 다른 사람 같다. 전혀 다른 사람으로 착각하게 만들 정도로 제복의 힘, 칼의 권위는 무서운 것이었다. '대일본제국'은 이를 정확히 간파하고 있었다. 1910년대 식민지 조선인들에게 제국의 권위를 과시하고, 그로써 조선인들을 굴복시키고 싶었던 것이다.

3·1운동은 이런 제복과 칼을 사라지게 만들었고, 그것은 곧 권위의 붕괴를 의미했다. 여기에 제8회 졸업 사진 속 학생들이 전년도와 달리 교모를 벗고 사진을 찍어야 했던 비밀이 있을지도 모른다. "우리 교사들이 모자를 벗었는데, 너희 생도들만 모자를 쓰니 이상하다. 그러니 너희들도 같이 벗어라." 이런 지시가 있었던 것은 아니었을까? 혹여 그랬다면 제복과 칼이 사라진 직후 교사들이

시흥공립보통학교 졸업 사진 속 교사 네 명

각 사진에서 왼쪽이 1919년, 오른쪽이 1920년에 찍은 사진인데 왼쪽과 오른쪽이 모두 동일인이다. 유일하게 안경을 쓴 인물(위 왼쪽)이 일본인 교장 기무라 주토쿠이다.

느꼈을 당혹감을 우리는 사라진 학생들의 교모에서도 읽을 수 있는 것이다. 교모를 벗고 사진을 찍으니 당시 학생들이 까까머리였단 걸 확인할 수 있게 된 것은 덤이다.

이 사진들 속 교사 복장의 극적인 변화만큼 3·1운동의 힘을 시각적으로 잘 보여주는 자료는 없을 것이다. 그래서 이런 역사적 의미를 담고 있는 두 장의 사진은 내가 특히 아끼는 수집품이 되었다. 언젠가 역사 교과서 속 3·1운동을 다루는 장에서 두 장의 사진이 나란히 실려 3·1운동의 영향력을 보여줄 때가 오지 않을까?

사라진 생도의 행방을 찾아서

어느 날 신문을 보다가 시흥초등학교가 개교 100주년을 맞아 《서울 시흥초등학교 100년사》(2012)라는 책을 발간했다는 소식을 접했다. 나는 곧장 학교 총동문회에 연락했고, 어렵게 책을 구했다. 앞에서도 언급했지만 시흥공립보통학교는 현재 시흥초등학교의 전신이다. 나는 사진들과 관련된 또 다른 정보를 얻을 수 있으리라는 기대를 품고 책을 꼼꼼히 읽어나갔다. 책에는 각 연도 졸업생의 수가 기록되어 있었기에, 이를 사진 속 학생 수와 대조해 보았다. 제8회 졸업생의 수는 14명으로 사진과 일치했다. 그런데 제7회가 맞지 않았다. 책에는 20명이 졸업했다고 나오는데 사진 속 학생은 19명뿐이다. 한 명이 모자란다. 왜 그 한 명의 생도는 졸업 사진에 등장하지 않은 걸까? 그리고 그는 누구일까? 이 궁금증이 쓸모없다 여겨질 수도 있지만, 꼭 그런 것만은 아니다. 하나의 단서 속에 중요하고 거대한 사실이 담겨 있을 수도 있기 때문이다.

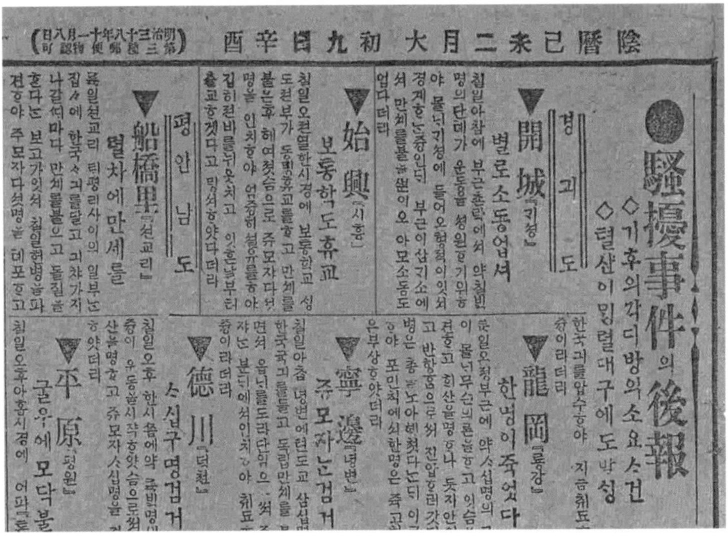

陰曆己未二月大初九日辛酉

(明治三十八年十一月八日 第三種郵便物認可)

騷擾事件의後報

◇기후의각디방의소요ᄉᆞ건

◇텰산이밀렬대구에도발싱

경긔도

▼開城(기셩) 별로소동업셔

칠일아참에 부근촌락에셔 약칠빅명의단톄가 운동을셩원ᄒᆞ기위ᄒᆞ야 몰니기셩에 들어오혀ᄒᆞᆷ이잇셔 경계ᄒᆞ는즁인ᄃᆡ 부근이삼긔소에셔 만셰를불ᄂᆞᆫ뿐이오 아모소동도 업다더라

▼始興(시흥) 보통학도휴교

칠일오젼열한시경에 보통학교 싱도젼부가 동ᄆᆡᆼ휴교를ᄒᆞ고 만셰를 불ᄂᆞᆫ후 헤여졋슴으로 쥬모자다셧명을 인치ᄒᆞ야 엄즁히 셜유를ᄒᆞ야 집히젼비를뉘웃치고 이튼날부터 츌교ᄒᆞ겟다고 ᄆᆡᆼ셔ᄒᆞ얏다더라

▼龍岡(룡강) 한명이죽엇다

평안남도

▼船橋里(션교리) 렬차에만셰를

륙일션교리 ᄐᆡ평리사이의 일부는 집ᄭᅵ에 한국ᄉᆞ긔를달고 긔차가지나갈ᄯᅢ마다 만셰를불으고 돌질을 ᄒᆞᆫ다는 보고가잇셔 칠일헌병을파견ᄒᆞ야 주모자다셧명을 톄포ᄒᆞ고

▼寧邊(녕변) 쥬모자는검거

▼德川(덕천) ᄉᆞ십구명검거

▼平原(평원) 굴우에모닥불

'시흥 보통학도 휴교' 기사

《매일신보》 1919년 3월 10일자 신문으로 붉은 테두리 부분이 해당 기사이다.

이전에 저지른 잘못)를 뉘우치고 이튿날부터 출교하겠다고 맹세하였다더라.

그런데 이 기사 제목의 '시흥 보통학도'가 고유명사인지 보통명사인지 명확하지 않다. 꼭 집어서 '시흥공립보통학교' 학생들이 동맹휴업을 했다는 것인지, 특정 학교가 아니라 '시흥군의 보통학교' 학생들이 동맹휴업을 했다는 것인지 애매하다는 것이다. 만약 두 번째 가정이 맞다면 시흥공립보통학교가 동맹휴업을 했는지는 확실치 않게 된다. 당시 시흥에는 총 여섯 개의 공립보통학교가 있었기 때문이다. 국사편찬위원회의 '3·1운동 데이터베이스'를 통해 위 《매일신보》 기사에서 말하는 '시흥 보통학도'가 누구를 가리키는지 찾아보기로 했다. '시흥공립보통학교'로 검색한 결과 관련 자료가 여럿 나온다.

> 시흥군 시흥공립보통학교 생도 (120명) 전부는 (3월) 7일 오전 11시 넘어 동맹휴교를 하고 만세를 부르며 퇴산(退散)하였다. 이에 주모자 5명을 연행하여 설유한바 이전의 잘못을 뉘우치며 다음날부터 등교한다는 뜻으로 맹세함으로써 돌려보냈다.
>
> –〈조선소요사건관계서류朝鮮騷擾事件關係書類〉 共7册 其7

《매일신보》의 보도 내용과 일치한다. 이 자료에서는 시흥공립보통학교로 학교 이름을 명확히 밝히고 있다. 실제로 시흥공립보통학교 학생들도 자신의 방식대로 동맹휴업과 만세 시위를 전개한 것이다. 그렇다면 주모자 다섯 명은 누구일까? 통상 최고 학년인 4학년, 즉 졸업생들이었을 가능성이 가장 크다. 제7회 졸업 사진 속 인물들이 여럿 포함되어 있을 것이다.

그런데 분명히 신문 기사에는 주모자 다섯 명이 동맹휴학 한 잘못을 뉘우치며 다음날부터 다시 등교한다고 맹세하여 그냥 돌려보냈다고 했다. 학생들을 잡아들이거나 태형을 가했다는 이야기도 없다. 그런데 왜 한 명은 사진을 찍지 않은 것일까? 혈기에 찬 학생 하나는 동맹휴학의 '잘못'을 뉘우치지 않고, 그 이후로도 만세 시위에 적극 가담하여 감옥에 간 것은 아닐까? 아니면 단순히 몸이 아프다거나 하는 개인적인 이유로 졸업식에 오지 못한 것일까?

이 3월 7일의 동맹휴업과 3월 25일 졸업식 사이의 보름 남짓한 기간에 학생들에게 무슨 일이 있었는지 더는 알 수가 없다. 그러나 3·1운동이 가장 뜨겁게 전개되던 시기에 촬영한 졸업 사진 속 학생 하나가 보이지 않는다면, 그 학생이 3·1운동과 연관되었을 개연성을 배제할 수는 없다. 작은 수집품 하나에도 이렇게 많은 사연과 비밀이 담겨 있다. 내가 밝힌 것은 이만큼이다. 나중에 또 누군가가 사라진 생도의 행방에 대한 다른 추론이나 진실을 들고 나타날지 모르겠다. 그때를 기다려본다.

#5 흰옷은 사절합니다

일제강점기 우리 옷은 어떻게 변화했나?

어느 관공서 앞에서 찍은 기념사진

1938년, 15×10cm, 박건호 소장.

白衣謝絶
宣揚

비범한 인물도, 별다른 사연도, 눈에 띄는 특별함도 없어 보이는 단체 사진이다. 많은 이들이 얼핏 지나치고 말 이 평범한 사진 속엔 사실 일제강점기 한국인의 일상 풍경을 뒤바꾼 역사가 고스란히 담겨 있다. 사진 속 남성들이 입은 옷, 현관에 적힌 문구, 중앙에 세워져 있는 깃발……. 곳곳에 숨어 있는 정보들은 모두 시대를 추적하기 위한 단서가 된다. 그 단서들이 가리키는 곳엔 무엇이 있었을까?

장관도 거지도 흰옷을 입는 나라

흰 수건이 검은 머리를 두르고
흰 고무신이 거친 발에 걸리우다.
흰 저고리 치마가 슬픈 몸집을 가리고
흰 띠가 가는 허리를 질끈 동이다.

시인 윤동주가 1938년에 쓴 〈슬픈 족속〉의 전문이다. 단 네 줄로 된 짧은 시에서 시인은 백의민족을 상징하는 '흰 수건', '흰 고무신', '흰 저고리', '흰 띠'와 일제강점기의 고단한 삶을 대변하는 '검은 머리', '거친 발', '슬픈 몸집', '가는 허리'라는 단어를 각각 대비시킴으로써 우리 민족의 슬픔을 노래했다. 제목처럼 식민지 조선인들은 늘 입던 평범한 옷조차 마음대로 입을 수 없는 슬픈 민족이었다.

1915년 조선물산공진회에 모인 인파

일제가 시정(始政) 5주년을 맞이해 개최한 조선물산공진회의 기념사진 엽서로, 사진 속 사람들이 입은 옷이 온통 흰색이라 마치 흰 눈이 내린 것 같다. 한국인들을 백의민족이라고 부르는 이유를 한눈에 보여준다. (박건호 소장)

흰옷은 조선인의 상징이었다. 구한말 조선을 찾은 외국인들은 흰옷에 강렬한 인상을 받았다. 어떤 서양인은 조선이 계급 차별이 심한 나라인데도 옷은 장관에서 거지에 이르기까지 모두 흰옷을 입는다며 놀라워 했고, 또 어떤 이는 산에 올라가서 내려다본 풍경이 마치 흰 눈이 쌓인 것 같다고 표현하기도 했다. 거리를 온통 뒤덮은 흰옷의 물결! 백의민족이라는 표현이 그저 나온 게 아니었다. 일제강점기 우리 예술에 지대한 관심을 보인 일본인 미술평론가

야나기 무네요시(柳宗悅)에게도 조선의 백의 풍속은 신기했던 모양이다. 그는《조선의 미술(朝鮮の美術)》(1922)에서 "늙은이나 젊은이나 남자나 여자나 다 같은 흰색 옷을 입는다는 것은 어찌 된 연유일까? 이 세상에는 나라도 많고 민족도 많다. 그렇지만 이처럼 기이한 현상은 어느 곳에서도 찾아볼 수 없다"라고 적었다.

우리 민족은 언제부터 흰옷을 즐겨 입었을까?《삼국지》〈위서〉'동이전(東夷傳)'에 따르면 부여인들은 흰옷을 숭상하여 흰 베로 소매가 넓은 두루마기와 바지를 만들어 입었다. 이러한 풍습은 고구려에서도 마찬가지였다. 또한 신라인이 흰색 옷을 숭상했다는 사실과 백제인의 의복이 청결하다는 점도 일부러 밝혀놓았다. 이로 미루어 흰옷을 즐겨 입는 풍습은 우리 역사에서 삼국시대 이전까지 거슬러 올라간다고 볼 수 있다.《고려사》에는 우리나라가 중국의 동쪽에 있으므로 동방(東方) 색인 푸른 옷을 입어야 한다며 고려 조정이 흰옷 금지령을 내렸지만, 백성들은 여전히 흰옷을 입었다는 기록이 있다. 조선시대 국법 개혁에 가장 과감했던 태종도 '흰옷에만은 내가 졌다'라며 손들었다고 한다.

흰옷을 유난히 즐겨 입었던 이유에 대해서도 여러 가지 주장이 있다. 밝고 깨끗하고 우아한 것을 좋아하는 민족의 정서가 의복에 반영된 것이라는 주장, 의례복으로서 상복(喪服)이 일상에까지 습성화되었다는 주장, 삼국시대에는 신분이 높은 사람들만 색깔 있는 옷을 입을 수 있었기에 백성들의 불가피한 선택이 풍속이 되었다는 주장, 물감이 희귀하고 염료가 발달하지 못했기 때문이라는 주장 등등……. 그 이유야 어떻든 흰옷이 우리 민족의 성정에 맞았고 우리가 즐겨 입었다는 사실만은 분명하다.

'색의를 착용하시오, 백의는 금물이오'

2019년 10월 흥미로운 사진 한 장을 수집했다. 10여 명의 인물이 가운데 우승기(優勝旗)를 배경으로 찍은 기념사진인데, 관공서로 보이는 건물에 큼지막하게 쓰여 있는 세 개의 구호가 내 관심을 끌었다. 구호는 때때로 시대를 증언하는 역할을 해준다.

먼저 건물 현관 오른쪽에 '선양(宣揚)'이라고 쓴 플래카드가 보인다. '선양'은 명성이나 권위 따위를 널리 떨친다는 의미이다. 그러니 사진에는 보이지 않지만, 그 위에 선양할 대상이 적혀 있었을 것이다. 일제강점기에 '선양'과 주로 짝을 이룬 단어는 '황도(皇道, 황도정신의 준말로 만세일계의 천황이 통치하는 이념과 정신)'이다. '황도선양'은 '내선일체(內鮮一體)'와 함께 중일전쟁 이후 많이 사용된 구호로 '황도를 널리 떨치자'라는 뜻이다. 중일전쟁 발발 직후 보급된 '황국신민서사(皇國臣民誓詞)'의 "우리 황국신민은 인고단련력(忍苦鍛錬力, 괴로움을 참고 몸과 마음을 굳세게 하는 힘)을 길러 황도를 선양한다"라는 대목에서 따온 것이다. 이를 통해 사진이 중일전쟁 이후에 촬영됐음을 알 수 있다.

현관 왼쪽에는 '보국(報國)'이라는 단어와 그 위에 얼핏 '축(祝)'

관공서 현관에 걸린 구호들

왼쪽부터 순서대로 '○稅報國', '白衣謝絶', '○○宣揚'이라는 한자가 보인다.

자로 보이는 글자가 있다. 중일전쟁 이후 '총후보국(銃後報國, 전장의 후방에서 나라의 은혜에 보답함)', '언론보국', '근로보국' 등 '보국'이 들어가는 구호가 난무했는데, '축'과 결합할 수 있는 글자가 쉽게 떠오르지 않는다. 그렇다면 '축' 자가 아닐 수도 있다는 이야기다. 다시 찬찬히 살펴보니 세금을 뜻하는 '세(稅)' 자 같다. 그렇다면 구호는 '납세보국(納稅報國)'일 것이다. 이 역시 중일전쟁 당시 조선총독부가 '전선은 피로써, 후방은 납세로써 보국해야 한다'라는 의미로 내세운 슬로건이었다.

마지막으로 '납세보국'과 '황도선양' 중간에 걸려 있는 구호를 보자. 흰 광목천에 가로로 쓰였는데, 다행히 잘린 글자가 없어 쉽게 읽을 수 있다.

'백의사절(白衣謝絶)'

흰옷을 입고 들어오지 말라? 특이한 요구사항을 내건 이 구호는 무슨 의미일까? 그 배경엔 1930년대 관이 주도한 색복(色服) 장려 운동이 있다. 일제는 '생활 개선'이란 명목으로 1930년대부터 조선인들에게 흰옷 대신 색복 입기를 장려하고 이러한 시책을 각 지방에 하달했다. 일제는 왜 색옷 입기를 장려했을까? 김사량(金史良)의 소설 〈덤불 헤치기〉(1940)에는 한 군수가 화전민을 모아놓고 왜 색깔 있는 옷을 입어야 하는지에 대해 설명하는 대목이 나온다.

> 에에, 요컨대 우리는 흰옷을 폐지하고 색을 들인 옷을 착용해야 한다. …… 조선인들이 가난해진 건 흰옷을 착용했기 때문이다. 경제적으로나 시간적으로나 낭비이기 때문이다. 즉 흰옷은 빨리 더러워지므로 돈이 들고 세탁하는 데도 시간이 든다.

시간과 비용 절약을 이유로 색복 착용을 권한다는 말이다. 그런데 일제가 색복 장려책을 추진하기 훨씬 전부터 이미 식민지 조선에서는 흰옷을 폐지하자는 목소리가 나왔다. 1919년 3·1운동 직후 조선 풍속의 개량을 표방한 친일 단체 조선교풍회(朝鮮矯風會)가 1921년 12월 지방에 내려보낸 공지문에는 관련된 이야기가 등장한다. 회장 박영효(朴泳孝) 명의로 작성된 이 문건은 우리의 그릇된 풍속을 좋은 풍속으로 바로잡자면서 "재첨부하는 〈의복 원료 및 색채 개량 취의서(衣服原料及色彩改良趣意書)〉는 부람(俯覽) 찬동하시와 일반에게 광포(廣布) 실천케 하심을 역망(亦望)하옵니다"라는 내용으로 끝난다. 의복의 원료와 색채를 개량하자는 취지문의 내용을 대중에게 널리 홍보하라는 것이다. 이를 통해 흰옷을 색복으로 바꾸자는 목소리가 최소 1920년대 초부터 나왔음을 알 수 있다.

《조선일보》나 《동아일보》 같은 언론과 여성운동 단체들도 색복 장려 운동을 전개했다. 여성운동 단체들은 '색의 장려(色衣奬勵)'라고 쓴 깃발을 들고 거리를 행진하기도 했다. 색복은 흰옷보다 빨래에 드는 시간과 비용을 절약할 수 있어 여성의 가사 부담이 줄고, 남는 시간만큼 여성들이 사회 활동을 할 수 있다고 생각한 것이다.

이렇게 민간에서 자발적으로 진행하던 색복 장려 운동은 1930년대에 접어들면서 총독부 주도의 관제 정책으로 전환됐다. 그런데 문제는 기존의 색복 장려 운동이 계몽운동의 일환으로서 민중의 자발적인 참여를 유도한 것과 달리, 일제가 1930년부터 본격적으로 추진한 색복 장려책은 강제성을 띤 정책으로서 '백의민족'으로 상징되는 조선 민족의 정체성을 파괴하는 것이 목적이었다는 점이다. 일제는 '백의 철폐, 색복 착용'이라는 구호를 내세우며 남녀노소 불문하고 흰옷 대신 염색한 옷을 입어야 하며, 심지어 상(喪)을 당한 사람조차 상가를 벗어날 때는 곧장 색복을 착용하도록 했다. 이 정책으로 염료를 파는 상점들이 때아닌 호황을 누렸다.

계몽운동의 연장선이었는지 일제의 색복 장려책에 찬동한 때문이었는지, 이즈음 춘원 이광수는 잡지 《동광》 1931년 5월 호에 〈색

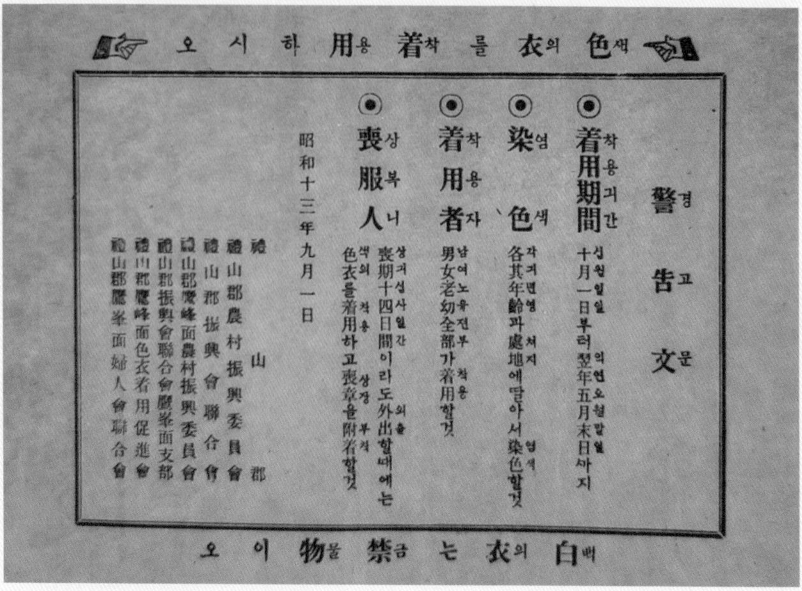

"색의를 착용하시오. 백의는 금물이오"

1938년 충남 예산군에서 배포한 경고문으로, 위아래에 색의를 착용하라는 경고 문구가 적혀 있다. 상복인(喪服人)에 대한 경고도 있는데, "상기(喪期) 14일간이라도 외출할 때는 색의를 착용하고 상장(喪章)을 부착할 것"이라는 문구가 보인다. (국립민속박물관 소장)

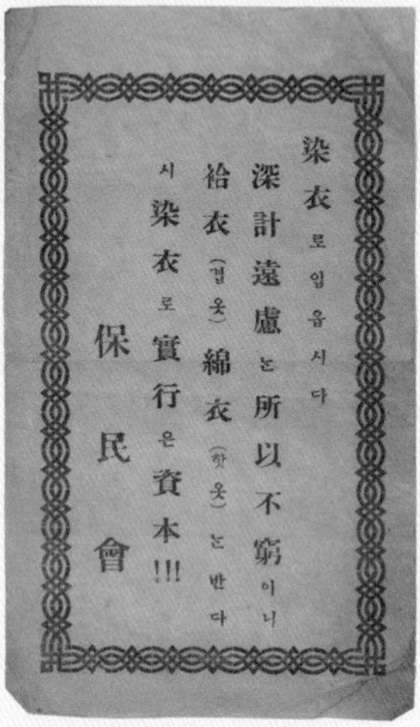

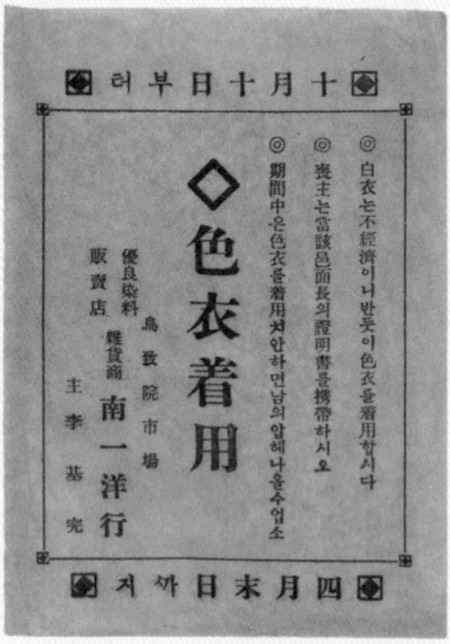

색의 착용을 장려하는 내용의 인쇄물

(박건호 소장)

의(色衣) 노래〉를 발표했다. 그는 흰옷을 서슴없이 '망국의 옷'이라고 표현하며 색복 착용을 호소했다.

흰옷을 벗어놓고 / 일터로 가세
흰옷은 망국의 옷 / 노는 이의 옷
맘을랑 희게 희게 / 옷은 물들여
조선의 사람들아 / 일터로 가세

일제는 색복 장려책을 관철하기 위해 흰옷을 입은 사람에게는 관공서 출입을 금하거나 행정상 불이익을 주기도 했다. 1931년 3월 1일자 《동아일보》에는 전남 해남의 한 면사무소 직원들이 사람이 많이 모이는 장날에 흰옷 입은 군중에게 먹물을 뿌렸다는 기사가 실려 있다.

지난 22일 해남읍 시장에서는 난데없는 검은 물방울이 쏟아져서 모여든 수천 군중은 어쩔 줄을 모르고 갈팡질팡 일대 소동을 일으킨 일이 있었다. 들은 바에 의하면 해남면에서는 색의 장려로 직원과 소사가 총출동하여 각기 물총을 가지고 일부러 검정 물을 뿌린 것이라는 바, 때는 마침 정월 초 장날이라. 모처럼 새 옷을 갈아입고 장도 보고 세배도 겸하여 왔다가 뜻밖에 먹 벼락을 당하고 어이없이 돌아갔다 한다.

이런 소동 외에도 여성들의 치마를 들치고 흰 속바지에 붉은 물감을 칠하거나 초상을 치르는 사람의 베옷에 먹물을 칠했다는 보도가 있었는가 하면, 심지어는 색의를 입고 모욕당하느니 차라리 자살을 택한 노인들의 소식도 신문에 실렸다(박찬승, 〈일제하의 백의 비판과 색의 강제〉, 《동아시아문화연구》 제59집, 2014).

당시 사회상을 알고 나서 사진 속 '백의사절' 문구를 다시 보면 그것이 가진 의미가 좀 더 생생하게 다가올 것이다. 일제는 관공서에 들르는 조선인들의 의복을 통제함으로써 그들이 바라는 식민지인으로 만들고자 했다.

색의를 입고 한자리에 모인 사람들

다시 정리해보면 이 사진은 관 주도로 색복을 강제하던 1930년대에, 특히 '황도선양'과 '납세보국'이라는 구호까지 고려한다면 1937년 중일전쟁 발발 이후에 촬영됐다는 사실을 알 수 있다. 그렇다면 사진 속 인물들은 무엇을 기념하고자 한자리에 모인 것일까? 사진 속에 단서가 있다. 사진 가운데에 세워진 기를 자세히 들여다보면 흰 글씨로 '축우증식경려회(畜牛增殖競勵會)'라는 대회명과 '우승(優勝)'이란 문구가 적혀 있다. '우승' 좌우에는 살집이 잘 오른 소 두 마리가 마주 보고 있다. 축우증식 성과를 겨루는 대회에서 우승한 일을 기념하고자 사진을 찍은 것 같다. 또한 우승기 하단에 쓰

축우증식경려회 우승기

면사무소 앞에서 찍은 기념사진에서 '부여군'이 수여한 우승기 부분을 확대한 사진이다. 우승기에 '축우증식경려회'라는 대회명과 소 두 마리, '우승'이라는 글자가 보인다.

인 '부여군(扶餘郡)'을 통해 이 대회를 부여군이 주관했고, 우승기를 받은 이들이 부여군 관내의 면 단위 사람들이라는 추측을 가능하게 해준다. 사진 속 관공서 같은 건물은 바로 그 면사무소일 것이다.

앞선 정보를 토대로 신문을 검색해보니 1930년대 후반 부여에서 열린 축우증식경연대회 관련 기사들이 여러 개 발견됐다. 하지만 중일전쟁 발발 이후로는 《매일신보》 1938년 5월 14일자 기사가 유일하다. 기사에 따르면 5월 11일에 부여군 농회(農會, 일제가 조선 농민을 수탈하기 위해 설립한 관변 단체) 주최로 축우증식 품평회의 상품 수여식을 거행했는데 1등이 규암면(窺岩面)으로 금 30원과 우승기, 2등은 조촌면(助村面)으로 금 20원, 3등은 충화면(忠化面)으로

금 10원을 받았다. 사진이 이 기사와 관련된 것이 맞다면, 사진의 배경은 부여군 규암면사무소일 것이다. 축우증식경려회와 직접 관련된 기관인 규암면 농회의 건물일 가능성도 배제할 수 없지만, 그랬다면 '납세보국'이 아닌 '면화증산'이나 '축우증식'과 같은 구호가 쓰였을 것이다. 농회가 세금을 징수하는 기관은 아니었기 때문이다.

규암면의 경사였던 만큼 앞줄 정중앙에 앉은 인물은 규암면장일 가능성이 크다. 당시 군수나 면장 대부분이 한국인이었음을 감안하면, 그 역시 한국인이었을 것이다. 면장 왼쪽에 앉은 인물은 복장으로 보아 이 지역 경찰 책임자로 보인다. 면에는 보통 순사주재소가 있었으므로 규암면 순사 주재소의 소장으로 일본인이었을 것이다. 나머지 인물들은 면 서기(書記)를 포함한 면사무소 직원, 그리고 축우증식경려회와 직접 관련된 규암면 농회 구성원인 듯하다. 유난히 어려 보이는 뒷줄 제일 오른쪽 인물은 잔심부름하던 사환(使喚)이지 않을까? 사환은 흔히 소사(小使)라고도 불렸는데, 그만 유일하게 한복을 입었다.

그런데《매일신보》상품 수여식 기사의 끝부분에 매우 흥미로운 내용이 이어진다. 시상식 후 "면장 회의를 개최하고 색의 착용과 농촌진흥에 관한 토의가 있었다"라는 내용이다. 색의 착용이 당시 부여군의 주요 시책이었음을 확인할 수 있는데, 사진 속 관공서에 붙은 '백의사절'과 정확히 일치하는 대목이다. 마침 백의사절 구호에 부합되게 모두 색깔 있는 옷을 입었다.

일제의 또 다른 의생활 통제, 국민복과 몸뻬

지금까지 부여군 규암면사무소 앞에서 찍은 기념사진을 통해 일제강점기 색복 장려책에 대해 살펴보았다. 이 정책이 어느 정도 성공했는지는 모르지만, 식민지 조선의 의생활 변화에 일정한 영향을 끼쳤음은 분명하다. 그런데 일제의 의생활 통제는 이것이 전부가 아니었다. 백의 금지, 색복 착용보다 더 큰 변화가 한국인들을 기다리고 있었다.

다시 사진을 들여다보자. 총 13명 중 제복을 입은 주재소장과 한복 차림의 사환으로 추정되는 두 인물을 제외하면, 입은 옷들이 다 비슷비슷하다. 군복 같기도 하고 아닌 것 같기도 한 이 옷은 '국민복(國民服)'이라 불렸는데, 중일전쟁 발발 이듬해인 1938년부터 전시체제를 위한 의복을 준비한다는 취지로 보급이 논의되기 시작했다. 일제는 전시체제하에서 국민이 모든 생활 부문에서 근검절약해야 한다며, 총독부에서 직접 관리의 제복과 청년 단체복, 사회사업 단체복, 학생복을 국민복으로 통일했다. 이후 1940년 10월 '신체제운동'에 따라 국민복을 착용하라는 칙령을 내리고, 한 달 뒤인 11월 국민복 착용을 법령으로 제정했다. 이에 따라 모든 남성이 국민복을 입어야 했다.

국민복 보급과 짝하여 삭발도 유행했다. 아무래도 머리 밑부분만 빙 둘러 깎는 서양식 하이칼라(high color) 머리는 잔손질이 많이 필요한 데다 기름까지 발라야 해서 전시체제에 적합하지 않았다. 그래서 물자 절약이라는 국가 시책에 발맞춰 삭발이 유행했던 것이다. 중일전쟁이 발발하고 1년이 지난 1938년 7월경 경성에서는 삭발 선풍이 불기도 했다. 경성부청 직원 천여 명을 시작으로 시내 심상소학교(지금의 초등학교) 교사들이 한꺼번에 삭발했고, 조선총독부 학무국(學務局)과 경기도 학무과 직원들, 경기도 관내 각 중등학교 교사들이 경쟁적으로 뒤를 따랐다. 이 흐름은 곧 전국으로 확산했다.

일제강점기 전시체제 복장으로 남성들에게 국민복이 보급되었다면, 여성들에게는 1940년대부터 '몸뻬(もんぺ)'가 강요됐다. 몸뻬는 일반적으로 허리와 허벅지 부분의 통이 아주 크고 발목으로 내려갈수록 좁아지는 모양의 바지인데, 고무줄이나 끈으로 허리통을 동여맬 수 있었다. 원래 일본 홋카이도와 도호쿠 지방(東北地方) 여성들이 밭일할 때 입던 작업복으로, '몸뻬'라는 일본말이 그대로 들어왔다. 지금은 '왜바지' 혹은 '일바지'라는 말로 바꿔 부르기도 한다. 남성의 국민복은 5·16 군사쿠데타 직후 '재건복(再建服)' 형태로 잠시 부활했다가 명맥이 끊긴 데 비해, 몸뻬는 여전히 우리 의복 문화 속에 남아 있으니 좀 더 자세히 살펴볼 필요가 있겠다.

앞에서 몸뻬가 일본에서도 농촌 여성의 작업복이었음을 언급했다. 그랬던 몸뻬가 1940년대 초부터 도시 여성들 사이에서 유행하기 시작했다. 아시아·태평양전쟁 당시 미군의 폭격에 대비한 방공훈련 때문이었다. 방공훈련은 등화관제(燈火管制, 적의 야간 공습에 대비해 등불을 모두 끄는 일)나 대피뿐만 아니라 방화나 소화, 공습

국민복을 입은 군청 직원들

1944년 경상남도 통영군청 직원들이 찍은 기념사진으로 모두 국민복을 입고 있다. 특히 1943년 6월부터 국민복에 각반(脚絆)을 차게 함에 따라 발목부터 무릎 아래까지 각반을 두르고 있다. 머리는 예외 없이 삭발했다. (박건호 소장)

몸뻬를 입은 일본 여성들

몸뻬는 원래 일본의 일부 지역에서 여성들이 일할 때 입던 작업복이었다. 왼쪽은 18세기의 우키요에(浮世繪, 에도시대에 유행한 풍속화)로 몸뻬 입은 여성이 빨래하는 장면이고, 오른쪽은 1915년 몸뻬 복장의 어느 농촌 여성을 찍은 사진이다. (출처: 위키미디어 커먼스)

후의 복구 훈련 등을 총체적으로 아우른다. 훈련 중 여성들은 불을 끄기 위해 물을 나르거나 사다리를 오르내리고 폭격 후에는 복구 작업까지 해야 했는데, 모두 치마를 입은 채로는 하기 힘든 일이었다. 대안으로 '갓포기(割烹着)'라는 앞치마를 둘러 활동성을 높이고자 했으나 여전히 한계가 있었고, 이런 상황에서 몸뻬가 방공 훈련을 위한 최적의 옷으로 관심을 끌게 되었다. 몸뻬는 어느새 일본 전역으로 확산되기 시작했고, 식민지 조선에까지 영향을 미쳤던 것이다.

'여자의 무장은 몸뻬다!'

나는 2020년 8월 몸뻬 보급과 관련된 새로운 자료를 수집했다. 충남 괴산군 장연면장과 국민총력장연면연맹이사장 명의로 예하 단위에 전달한 1943년 7월 12일자 공문인데, 서두에 적힌 '특급(特急)'이라는 표현을 통해 당시 그 내용이 매우 긴박한 과제였음을 알 수 있었다. 주요 내용을 살펴보자.

> 부인복 몸뻬 보급에 관한 건
>
> 부인계발운동이 전개 후 특히 결전 아래 부인의 책무는 유유(愈愈, 점점) 중대화하여 부인의 옥외 노동, 방공 대책, 그 외 활동은 점점 증가

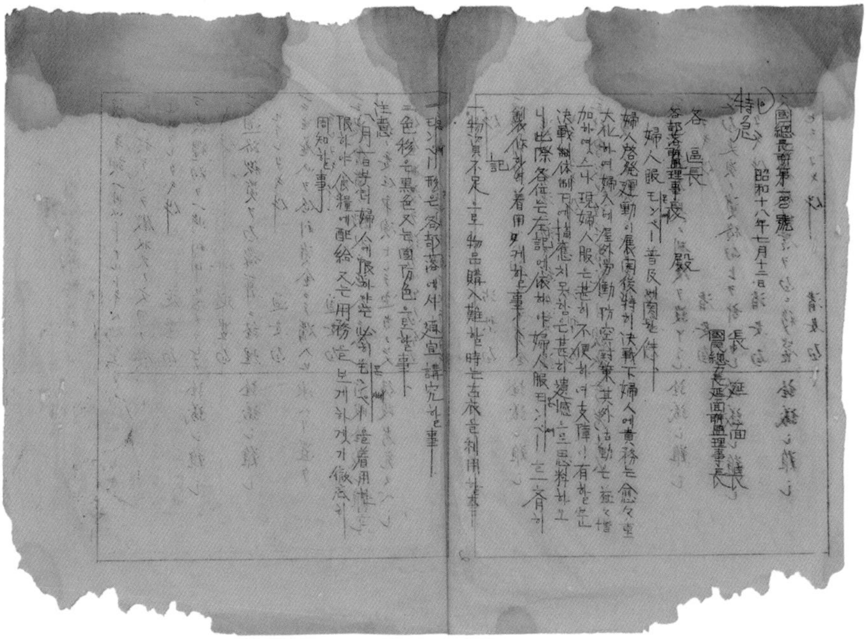

國總長第一号號

昭和十八年七月十三日

特急

各 區長
各部落聯盟理事長 殿

婦人服 몸뻬 普及에 關한 件

記

一. 物資不足으로 物品購入難할 時는 古衣를 利用할事

〈부인복 몸뻬 보급에 관한 건〉

1943년에 장연면장과 국민총력장연면연맹이사장 명의로 발송된 공문이다. (박건호 소장)

하였으나 현 부인복은 심히 불편하여 지장이 있을 뿐 결전 체제하에 적응치 못함은 심히 유감으로 사료하오니 차제(此際, 이 기회에) 각위는 좌기(左記, 왼쪽에 기록된 바)에 의하여 부인복 몸빼를 일제히 제작하여 착용케 할 것.

1. 물자 부족으로 물품 구입이 어려울 때는 고의(古衣)를 이용할 것.
2. 몸빼의 모양은 각 부락에서 적의(適宜, 마땅히) 강구할 것.

'긴치마 입을 땐가. 여자의 무장은 몸뻬다!'
《매일신보》 1944년 8월 5일자 신문에 실린 삽화.

> 3. 색채는 흑색 또는 국방색으로 할 것.
> 주의: 8월 1일부터 부인에 한하여는 필히 몸뻬를 착용한 분에 한하여 식량의 배급 또는 용무를 보게 하겠기에 철저히 주지할 것.

이 공문을 통해 1943년까지도 한국에서는 몸뻬 보급이 다소 미진했다는 사실을 알 수 있다. 또 '몸뻬를 착용한 분에 한하여 식량의 배급 또는 용무를 보게 하겠기에 철저히 주지할 것'이라는 말에서 일제가 몸뻬 미착용자에게 불이익을 주어 착용을 강제했음을 확인할 수 있다. 코로나바이러스 감염증 시대에 대중교통 이용 시 마스크 착용을 의무화했듯이, 일제는 1944년부터 몸뻬를 입지 않은 여성의 대중교통 이용이나 관공서, 극장 출입을 금지했다. 또한 몸뻬 입기를 거부하거나 파마와 화장을 하는 여성들에겐 부정적인 이미지를 덧씌웠는데, 일례로 《국민총력(國民總力)》 같은 관보에서는 이들을 "창부와 같은 분위기를 보여, 같은 공간에서 일하는 남성을 유혹하므로 사회 안정에 위협이 된다", "퇴폐적인 서구

일제강점 말기 몸뻬를 입고 군사훈련을 하는 동덕여자고등보통학교 학생들의 모습

(박건호 소장)

의 여성을 흉내 내는 타락한 의식을 가진 이"라고 비난했다. 반대로 전시체제하의 노동에 알맞은 몸뻬는 '검소', '애국'의 표상으로 선전하고 장려했다.

그런데 일제의 몸뻬 보급 정책에 예상치 못한 장애물이 버티고 있었다. 그것은 조선의 고유한 복식 문화였다. 조선 여성들은 몸뻬를 기피했다. 여성용 한복에서 바지는 다름아닌 속옷이었기 때문이다. 조선 여성들에게 몸뻬 차림으로 다닌다는 것은 '가래바지(속옷)'만 입고 밖을 나다니는 것이나 다름없었다. 게다가 여전히 남녀를 구별하는 내외법이 남아 있을 때라 외출할 때 가랑이 사이를 벌리면서 걸어 다닌다는 것은 수치스럽고 흉측한 행동이었다. 마땅한 웃옷 없이 짧은 저고리에 몸뻬를 입어 허리를 드러내는 것도 탐탁지 않았다.

일제 말기 전업주부와 학생, 교사 등 조선 여성 17명을 구술 면접한 안태윤 교수는 "대부분이 몸뻬 착용을 강압적인 식민통치의 수단이라기보다는 촌스럽고 흉한 복장을 강요당한 수치스러운 경험으로 기억했다"라고 밝혔다(〈일제 말 전시체제기 여성에 대한 복장통제: 몸뻬 강제와 여성성 유지의 전략〉, 《사회와역사》 제74집, 2007). 박완서의 소설 《그 많던 싱아는 누가 다 먹었을까》(1992)에도 당시의 인식을 보여주는 대목이 나온다. 전시 상황에서 교복 대신 몸뻬를 입게 하자, 학교에서 하라는 건 어기면 큰일 나는 줄 아는 주인공 '나'의 엄마는 검정 물을 들인 광목을 끊어다가 몸뻬를 만들어주면서도 이런 한탄을 내뱉는다.

> 세상에, 왜놈 훈도시(褌, 일본의 전통적인 남성용 속옷)만 망측한 줄 알았더니 여자 가랭이 드러나는 꼴은 더 못 봐 주겠네. 더 살면 무슨 꼴을 볼꼬.

수백 년간 유교 규범이 지배해온 조선에서 여성들에게 고쟁이처럼 생긴 옷을 입고 바깥에서 활동하라고 하니, 쉽게 받아들여질 일이 아니었다. 이것이 문화의 보수성이다. 오래된 풍습, 관습은 정책 하나로 금방 바뀌지 않는다. 그럼에도 일제의 지속적인 강압책으로 몸뻬는 점차 식민지 조선 사회에 확산되어갔다. 특히 총독부 시책에 따라 대부분의 여학교가 몸뻬를 교복으로 채택하면서 몸뻬의 확산이 촉진되었다.

해방도 거스르지 못한 생활의 변화

1945년 일제가 패망하자 몸뻬도 조선에서 사라지는 듯했다. 해방 직후의 열기 속에서 '왜놈 복장'이라 하여 몸뻬를 입은 여성들이 자주 봉변을 당했기 때문이다. 그러나 시간이 지나면서 사람들이 다시 몸뻬를 찾기 시작했다. 일제의 강요책이 쉽게 넘지 못한 관습의 힘도 결국 실생활에서의 편리성과 활동성 앞에서 무너지기 시작한 것이다. 자유를 한번 맛본 사람이 더는 구속을 못 견뎌 하는 것처럼, 몸뻬의 편안함을 경험한 사람들은 얼마 안 가 그 옷을 다시 만들어 입었다. 이제 여성들도 노동해야 먹고살 수 있는 시대였다. 가난과 고단한 생활이 몸뻬를 되살린 것이다. 그리하여 점차 저고리와 몸뻬, 검정 고무신이 여성들의 표준 복장으로 자리 잡아갔다. 일부 여학교는 학생들에게 몸뻬형 교복을 입게 했다.

이렇게 몸뻬는 서민의 활동복으로 자리 잡았고 지금까지 끈끈한 생명력을 유지하고 있다. 태생은 비록 일제강점기 전시체제를 뒷받침하기 위한 옷이었지만, 해방 이후에는 몸뻬에 우리 역사가 새롭게 아로새겨졌다. 가족을 위해 고단함을 마다하지 않고 억척

해방 직후 어느 학교 여학생 학급의 졸업사진

여학생 대부분은 한복을 다시 꺼내 입었지만, 앞줄 왼쪽에서 네 번째 학생(붉은 테두리 부분)만은 여전히 몸빼를 입고 있다. (박건호 소장)

몸빼를 입고 무등산에 오른 여학생들

1947년 광주 지역 여학생들이 무등산에 올라 도시락을 먹고 있는 장면이다. 모두 흰색 몸빼를 입고 있는 것이 인상적이다. 아무래도 높은 산을 오르기에는 치마가 불편했기 때문이었을 것이다. 일제는 패망했지만 몸빼는 이처럼 명맥을 유지했다. (박건호 소장)

같이 살았던 우리들의 어머니, 할머니, 이웃 들의 땀과 피가 이 몸빼에 고스란히 녹아 있다. 그러니 누가 몸빼를 단순히 일제의 잔재라고 규정하며 벗어 던지자고 할 수 있을까? 그럴 수도 없고 그것이 꼭 옳은 일도 아니다. 벚꽃놀이가 일본에서 들어온 풍습이라는 이유로 벚꽃나무를 다 뽑아버리자고 주장하는 것과 별반 다를 바 없다. 문화는 만드는 사람의 것이라기보다는 쓰는 사람의 것이다. 몸빼는 이렇게 우리 역사가 담긴 우리 옷이 되었다. 옷도 결국 문화이며 역사이다.

#6 일제가 빼앗아 간 크리스마스실을 찾아서

조선을 사랑한 선교사 가족 이야기

두 장의 크리스마스실

1940년, 각 4.6×5.5cm, 박건호 소장.

HOLIDAY GREETINGS
保健
1940-1941
E.K.

HOLIDAY GREETINGS
保健
NINTH YEAR

두 장의 크리스마스실은 마치 다른 그림 찾기처럼 미묘한 차이점을 지녔다. 어느 쪽이 먼저 그려진 건지, 혹시 모작이나 연습작인 것은 아닌지, 그린 사람은 누구인지 궁금증을 불러일으킨다. 사실 둘 중 하나는 일제의 탄압으로 발행되지 못했다. 그런데 놀랍게도 손가락 마디 길이의 실 안에는 한 가족, 그리고 그들이 사랑하고 헌신한 한 나라의 이야기가 담겨 있었다. 크리스마스실에 귀를 기울이자 한 여자아이가 말을 걸어오기 시작했다.

* 이 글을 쓰는 데 《닥터 홀의 조선회상》(좋은씨앗, 2003)과 《로제타 셔우드 홀》(키아츠, 2018), 《로제타 홀 일기》(홍성사, 2017) 등을 참고하였다.

세상에 55장밖에 남지 않은 크리스마스실

띠리리리… 띠리리리….

새벽잠을 깨우는 알람 소리. 2021년 6월 15일 새벽 3시 40분 설레는 마음으로 눈을 떴다. 이리도 뜬금없는 시간에 알람을 맞춰둔 것은 오래전부터 점찍어둔 물품의 경매 마감이 딱 10분 남은 시간이었기 때문이다. 미국 이베이(eBay) 경매 사이트에 올라온 물품이었다. 6월 초 시작가 1,000달러로 출발한 경매는 일곱 명이 여러 차례 경합을 벌였고, 결국 1,810달러를 적어 낸 내가 최종 낙찰자가 되었다. 내 바로 아래 입찰자가 써낸 가격은 고작 30달러 적은 1,780달러였다.

독자들은 무슨 물건이길래 내가 꼭두새벽부터 요란을 떨었는지 궁금하실 것이다. 바로 1940년에 발행된 크리스마스실(Christmas seal)이 그 주인공이다. 때때옷을 입은 아이들이 그려진 1940년 크리스마스실은 배경에 대문이 있는 것과 없는 것 두 가지 종류가 전한다. 대문이 있는 실은 몇만 원이면 쉽게 구할 수 있지만, 대문이 없는 실은 '1940년 미발행 실' 또는 영어로 'No gate seal'로 불리며 우리 돈으로 대략 200~350만 원에 거래된다. 전 세계에 55장만 남아 있다고 알려진 만큼 구하기가 매우 어렵기 때문이다. 내가 경매에서 낙찰받은 실도 당연히 '대문 없는 실'이었다.

1940년 대문 없는 실은 오래 전부터 나의 버킷 리스트 상단에 있었다. 단순히 희귀하거나 수집 가치가 높아서만은 아니었다. 이 조그만 크리스마스실 속에 우리가 꼭 기억하고 감사해야 할 한 선교사 가족의 감동적인 이야기가 담겨 있기 때문이다. 바로 한국에서 2대에 걸쳐 헌신했던 셔우드 홀(Sherwood Hall) 가족이다. 많은 한국인이 멀리 아프리카에서 헌신한 슈바이처(Albert Schweitzer) 박사는 알아도 이 선교사 가족에 대해서는 잘 모른다. 그들은 현재 서울 마포구 양화진외국인선교사묘원에 잠들어 있다.

이번 글은 크리스마스실 이야기인 동시에 셔우드 홀 선교사 가족에 대한 이야기다. 내가 그들을 직접 소개하는 것도 의미 있겠지만, 대신 특별히 한 인물에게 직접 이야기를 들려달라고 부탁했다. 그 편이 훨씬 생동감 있을 것이기 때문이다. 대략 100년에 걸친 긴 이야기에 귀 기울여보자.

셔우드 홀 가족묘와 화진포의 성

왼쪽은 서울 양화진외국인선교사묘원에 있는 셔우드 홀 가족묘로 기단부에는 'HALL'이라는 그들의 성이 양각되어 있다. 오른쪽은 강원도 고성군에 있는 '화진포의 성'이다. 원래 셔우드 홀이 별장으로 사용하던 이 건물은 그 가족이 1940년 강제 출국당한 후 일본 군부의 소유가 됐다. 해방 이후 이 지역을 점령한 북한이 김일성별장으로 활용했고, 한국전쟁 후 다시 대한민국 소유가 되었다. 셔우드 홀 가족묘와 화진포의 성은 지금 우리나라에서 셔우드 홀 가족의 자취를 느낄 수 있는 몇 안 되는 장소이다. (박건호 촬영)

로제타 홀과 제임스 홀, 조선 땅을 밟다

안녕하세요? 저는 이디스 마거릿 홀(Edith Margaret Hall)입니다. 우리 가족을 잊지 않고 이렇게 초대해주셔서 감사합니다. 제가 여러분께 우리 가족 이야기를 들려드릴까 해요 이야기는 제 어머니 로제타 셔우드 홀(Rosetta Sherwood Hall, 1865~1951)과 아버지 윌리엄 제임스 홀(William James Hall, 1860~1894)로부터 시작합니다. 엄마 로제타는 미국 사람이고, 아빠 윌리엄은 캐나다 사람이에요. 독실한 크리스천으로 늘 봉사하는 삶을 꿈꾸었던 엄마는 의료 선교사가 되기로 결심하고 1886년 세계 최초의 여자 의과대학인 펜실베이니아여자의과대학에 입학하셨습니다. 그리고 공부를 마치자마자 미국 북감리교 여성해외선교사로서 미지의 땅 조선으로 향했습니다. 왜 하필 조선이었냐고요? 마운트홀리요크여자신학교를 세운 메리 라이언(Mary Lyon)의 "인류를 위해 봉사하려거든 아무도 가지 않는 곳으로 가서 아무도 하지 않는 일을 하라"라는 말이 엄마의 인생을 바꾸어놓았다고 해요.

엄마는 1890년 10월에 조선 제물포항에 도착했는데, 당시 미국 북감리교 여성해외선교회 서울 지부의 책임자인 메리 스크랜턴(Mary Scranton, 1932~1909)이 세운 조선 최초의 여성 전문 병원 보구여관에서 일을 시작하셨습니다.

당시 엄마는 조선말을 전혀 하지 못했는데, 선교사 언더우드(Horace Grant Underwood) 씨가 쓰신 한글 교재로 말을 배우기 시작하셨고, 언제부턴가 '허을(許乙)'이라는 한글 이름도 갖게 되셨대요. 엄마는 이화학당에서 영어를 제일 잘하는 김점동이란 학생에게 통역을 맡겼는데, 김점동은 나중에 감리교 세례를 받고 이름을 김에스더로 바꾸었답니다. 엄마는 여기서 한걸음 더 나아가 김점동을 포함하여 이화학당 학생 4명과 일본인 1명으로 구성된 의학연구반을 만들어 이들에게 기초적인 의료·의학 교육을 실시

선교사 메리 스크랜턴

1886년에 한국 최초의 여자학교인 이화학당을 설립하고, 2년 후엔 이화학당 한편에 최초의 여성 병원인 보구여관을 세웠다. 당시 조선 여성들은 남성이 들끓는 병원에 드나들기 꺼려한 터라, 따로 조선 여성을 위한 병원을 설립한 것이다. '보구여관(保救女館)'은 '여성을 보호하고 구한다'라는 뜻으로, 당시 왕실에서 하사한 이름이다. (출처: 이화여자대학교 홈페이지)

했는데, 이는 한국 최초의 근대적 여성의학교육이라는 평가를 받았어요.

의료 선교를 시작한 엄마는 그 열정이 대단하셨어요. 한번은 화상으로 손가락이 손바닥에 붙어버린 어린 소녀를 수술하는데, 화상이 심해서 피부를 이식해야 했대요. 그런데 그 소녀가 너무 겁을 먹은 나머지 수술을 거부했대요. 엄마는 말없이 자신의 팔에서 피부를 세 조각 떼어냈어요. 더 떼어내려는 걸 주변의 만류로 멈추고, 주변 사람들이 조금씩 피부를 기증하여 수술을 무사히 마칠 수 있었답니다.

그런데 당시 의료 선교가 순탄했던 것만은 아니었어요. 외국인에 대한 조선인의 배타적인 감정과 까닭 없는 의심이 엄마를 많이 힘들게 했대요. 조선에는 서양인이 어린 아이를 데려다 살을 찌운

로제타 셔우드 홀과 윌리엄 제임스 홀

(출처: 이화여자대학교 의료원 / 위키미디어 커먼스)

다음 피를 빨아 먹는다느니, 아이들의 눈을 뽑아 카메라의 렌즈로 쓴다느니, 사람들의 눈과 혀로 약을 만든다느니 하는 흉흉한 소문이 돌았다고 해요.

이제 아빠 이야기도 해드릴게요. 아빠는 10대에 결핵으로 죽음의 문턱까지 갔다가 살아난 뒤 의술로 어려운 이들을 돕겠다며 의대에 진학하셨죠. 그리고 뉴욕 맨해튼의 한 무료 진료소에서 봉사를 하던 중 엄마를 보고 그만 첫눈에 사랑에 빠져버렸고, 두 분은 사랑을 키워갔죠.

그러다가 엄마가 조선으로 떠나기 일 년 전 크리스마스에 아빠가 청혼하셨는데, 엄마는 청혼을 받아들였지만 북감리교 여성해외

선교회에 5년 동안의 독신 서약을 맺은 상태라 약혼 상태에서 혼자 조선으로 떠나셨어요. 아빠도 엄마를 따라갈 방법을 백방으로 강구하셨죠. 뜻이 있으면 길이 있다고 했던가요? 안식년 중인 윌리엄 스크랜턴 박사(메리 스크랜턴의 아들)의 빈자리를 채울 사람을 구한다는 소식을 듣고 바로 조선행을 자원했습니다. 결국 엄마가 조선에 온 지 대략 1년 뒤인 1891년 12월 아빠도 조선에 도착했어요.

재회한 두 분은 6개월 후 엄마의 독신 서약을 깨고 서울에서 결혼식을 올렸는데, 이것이 한국에서 열린 최초의 서양식 결혼식이었대요. 그런데 신혼의 단꿈도 잠시, 1892년 9월 감리교 측에서 아빠를 평양으로 파견했어요. 결혼한 지 1년밖에 안 된 신혼부부가 떨어져 살아야 했던 거예요.

'한국 땅에서 태어난 최초의 서양인'

이렇게 떨어져 생활하던 중 1893년 11월 제 오빠 셔우드 홀이 태어났어요. 오빠는 한국 땅에서 태어난 최초의 서양인이었대요. 이즈음 엄마는 평양에서 아빠와 함께 사역하게 해달라고 교회 측에 요구하셨어요. 엄마의 요구가 받아들여져 엄마는 김에스더와 함께 오빠를 데리고 서울을 떠나 1894년 5월 8일 평양에 도착했어요.

이때 평양은 난리가 났대요. 서양 여성과 아기는 사람들에게 난생 처음 보는 구경거리였으니까요. 사람들이 하도 많이 몰려들어 아빠는 사람들에게 내일 다시 찾아오면 다섯 명씩 아내와 아기를 보여주겠다고 약속하고 돌려보내야 할 지경이었다고 해요.

이렇게 우리 가족을 신기해하는 사람들이 있었던 반면에 집에 돌을 던지고 벽을 무너뜨리는 등 서양인에 대한 반감을 표출하는 사람들도 있었어요. 때로 우리 가족에게 물을 길어다 주는 지게꾼이 매질을 당하기도 했는데, 그런 날이면 오빠를 목욕시킬 물은 고사하고 당장 밥 지을 물도 부족했다고 해요. 관청은 관청대로 노골적인 적대감을 보였고요.

상황이 좀처럼 나아지지 않자 6개월도 채 지나지 않아 엄마와 오빠는 서울로 돌아가게 되었죠. 다시 '이산가족'이 된 거예요. 서울에 온 지 얼마 되지 않은 1894년 11월 10일, 엄마는 오빠의 돌잔치를 열었대요. 조선의 풍습대로 오빠의 돌상에는 실, 책, 성경, 청진기 등 돌잡이 물건들이 놓였답니다. 엄마는 청진기를 집은 오빠를 보며 오빠도 당신처럼 의사가 되기를 소망했습니다.

그런데 오빠의 돌잔치가 끝나고 2주도 되지 않아 엄마는 일생에서 가장 괴롭고 고통스런 일을 겪게 됩니다. 당시는 청일전쟁 중이었는데, 부상병을 치료하던 아빠가 갑자기 발진티푸스에 걸리고 만 거예요. 아빠는 힘든 몸을 이끌고 평양을 떠나 열흘 만에 서울에 도착하셨어요. 그사이 아빠의 병세는 점점 나빠졌고요. 아빠는 살날이 얼마 남지 않았음을 직감하셨나 봐요. 엄마를 쳐다보며 힘겹게 "당신을 사랑하오"라는 말만 되풀이하셨답니다. 아빠는 마지막으로 오빠를 보고 싶다면서 먼발치에서 한참이나 아들을 슬픈 눈빛으로 바라보았습니다. 11월 24일 해 질 무렵 아빠는 먼 하늘나라로 떠나셨어요. 그때 아빠의 나이는 34세, 결혼한 지 2년 5개월 만의 일이었습니다. 엄마의 상심은 얼마나 크셨을까요? 오빠의 육아일기에서 당시 엄마가 느꼈던 아픔을 고스란히 느낄 수 있어요.

> 11월 24일 토요일 해질 무렵, 아빠는 마지막 숨을 쉬셨다. 아빠의 두 손은 엄마의 두 손을 잡고 있었고, 아빠의 눈은 엄마의 눈을 바라보고 있었다. 엄마는 부드럽게 사랑스러운 두 눈을 감겨드렸다. 그러고 나서 아빠가 엄마를 다시는 볼 수 없을 거라는 생각에 아빠의 눈을 한 번 더 뜨게 했다. 마지막으로 오랫동안 볼 수 있도록. 아빠의 눈은 여전히 밝고 맑아서 아빠의 사랑스러운 영혼이 그 몸을 떠나간 것처럼 보이지 않았다. …… 엄마는 마지막으로 아빠의 눈을 감겨드리고 그 방을 나왔다. …… 그날 밤 엄마는 자정 12시에 잠에서 깼고 걷잡을 수 없는 외로움이 몰려와서 큰 소리로 흐느껴 울었다.
>
> – 로제타 홀, 《로제타 홀 일기 5》, 김현수·문선희 옮김, 홍성사, 2017

엄마는 아빠에게 결혼식 때 입었던 양복을 입혀드린 뒤 한강이 내려다보이는 양화진 외국인 묘지에 아빠의 영원한 안식처를 마련했습니다. 그 후 몸과 마음을 다스리고자 오빠를 데리고 미국으로 가셨대요. 이때 박에스더(김에스더가 결혼하며 남편 성을 따라 개명함) 부부도 동행하게 됩니다. 저 이디스 마거릿 홀이 태어난 게 이때였죠.

1898년 평양 도착 직후의 로제타 가족
왼쪽이 이디스 마거릿 홀, 오른쪽이 로제타 셔우드 홀, 가운데가 셔우드 홀이다. (출처: 위키미디어 커먼스)

'평양의 오마니'

엄마는 미국에 온 지 거의 1년 만인 1897년 11월에 오빠와 저를 데리고 다시 조선으로 돌아왔어요. 그리고 아빠의 유업을 잇고자 이듬해 5월 오빠를 데리고 다시 평양 땅으로 갔습니다. 엄마가 평양에 도착했을 때 그곳에는 아빠 윌리엄 홀을 기린다는 뜻의 '기홀병원(記忽病院)'이 설립되어 있었어요. 엄마가 미국에 머무는 동안 친지, 동료, 독지가 들로부터 받은 성금을 보내 세운 병원이었죠. 평양에 온 지 한 달 만에 엄마는 '광혜여원(廣惠女院)'이라는 여성 전용 병원도 개원했습니다.

이후 기홀병원과 광혜여원은 장로교 평양제중병원과 연합하여 1923년 평양연합기독병원이라는 종합병원으로 거듭났어요. 이 병원은 해방 이후 김일성종합대학 부속병원으로, 다시 지금의 평양의학대학병원으로 발전하게 되죠. 엄마는 광혜여원 옆에 어린이 병동을 새로 지었고, 그 병동이 완성될 무렵 시각 장애 소녀들을 위한 교실도 마련했습니다. 아빠의 전도로 신자가 된 시각장애인 오봉래를 위해 한글 점자 교재를 개발하고 평양여맹학교를 설립하는 등 한국에서 처음으로 특수교육도 시작하셨어요. 조선의 '헬렌 켈러'로 불린 오봉래는 일본 도쿄맹학교 유학을 마치고 돌아와 평양여맹학교에서 교사로 일하게 되었죠.

한국 최초의 여자 의사 박에스더

에스더란 세례명을 받은 김점동은 1893년 박유산과 결혼하며 남편 성을 따랐다. 볼티모어여자의과대학에서 의학을 공부했다. 박에스더는 한국 최초의 여자 의사였다. (출처: 위키미디어 커먼스)

1900년 가을에는 오빠가 이모라고 부르던 박에스더가 어엿한 의사이자 선교사가 되어 한국에 돌아왔어요. 에스더 이모는 엄마와 함께 평안도와 황해도를 오가며 많은 환자들을 치료했습니다. 그런데 1910년 에스더 이모가 갑자기 결핵에 걸려 세상을 떠나셨죠. 겨우 서른네 살이셨어요. 가난 때문에 이화학당에 맡겨졌던 소녀 김점동을 의사 박에스더로 길러낸 이가 엄마셨으니, 엄마의 슬픔은 다른 이들과 비교할 수 없었을 거예요.

1915년 평양에서는 엄마에게 아주 뜻깊은 행사가 열렸는데, 바로 '홀 부인 조선 온 지 25주년 기념행사'였습니다. 엄마가 조선에 처음 왔을 때가 25세였으니 엄마 나이는 벌써 50세였습니다. 그동안 많은 일을 하신 엄마는 언제부턴가 '평양의 오마니'로 불리기 시작했어요. 1921년에는 보구여관의 후신인 동대문부인병원(오늘날 이화여대 부속병원의 전신) 원장으로 다시 서울로 오게 되었고, 1928년에는 경성여자의학전문학교(오늘날 고려대 의과대학의 전신)과 인천간호전문보건대학을 설립하셨죠.

1933년 10월 엄마는 43년간의 기나긴 의료 봉사를 마치고 미국으로 귀향했고, 한국전쟁 중이었던 1951년 4월 5일 85세의 일기로 돌아가셨습니다. 그리고 그토록 사랑했던 아빠가 묻힌 양화진에 같이 묻히셨어요.

셔우드 홀과 크리스마스실

1910년 에스더 이모의 죽음은 오빠 셔우드에게도 큰 영향을 주었어요. 한국에서 태어난 오빠는 원래 미국에 돌아가 사업가가 되고 싶었대요. 그런데 에스더 이모가 갑작스럽게 죽자, 엄마에게 이모를 앗아간 결핵을 고치는 의사가 되겠다고 했대요. 그렇게 셔우드 오빠는 미국과 캐나다에서 공부하고 결국 의사가 되었어요. 오빠는 같은 의사인 메리언 버텀리와 결혼한 뒤 함께 한국으로 돌아왔고, 황해도 해주 땅에서 새 인생을 시작했죠.

미국에서 결핵을 전공했던 오빠는 1928년 '결핵환자의 위생학교'라는 한국 최초의 결핵전문 요양병원을 설립했는데, 이 병원은 이후 '해주구세요양원'으로 이름을 바꿉니다. 오빠는 결핵 요양원의 필요성에 대해 "결핵은 다른 나라에서는 스무 명에 한 사람 꼴인데 한국에서는 다섯 명 중 한 명 비율로 희생자가 난다. 일단 병균이 침투하면 한국인들은 병을 피할 희망이 거의 없다고 생각한다. 결핵을 불치병으로 '부끄러운 병'이며, 악귀의 기분을 상하게 한 사람이 운명적으로 받는 벌이라 생각한다. 따라서 요양원은 치료뿐만 아니라 계몽과 교육 목적에서도 꼭 필요하다"라고 역설했어요. 오빠는 환자들에게 건강한 음식을 제공하기 위해 병원 옆에 농장을 운영할 만큼 열심이었죠.

그런데 요양원이나 농장을 운영하는 데는 돈이 많이 필요하잖아요? 오빠는 이 문제를 해결하기 위해 1932년 한국에 처음으로 크리스마스실을 도입했습니다. 오빠가 발행한 최초의 실에는 남대문이 그려져 있었대요. 한국의 남대문을 결핵을 방어하는 상징으로 삼은 거였죠. 그런데 원래는 남대문이 아니라 거북선이 한국의 적(敵)인 결핵을 향해 발포하는 그림이 첫 도안이었다고 해요. 일제 당국이 허가하지 않아 도안을 바꾼 거였죠. 거북선은 일본인들에게 결코 좋은 기억이 아니었으니까요.

당시 한국인들에게 크리스마스실 자체가 생소했던지 발행 초기에는 잘 팔리지 않았대요. 한국인들은 마을 입구 큰 나무 밑에 돌

거북선 도안의 크리스마스실

셔우드 홀이 처음 실을 만들 때 제출한 도안이다. 총독부의 허가를 받지 못해 발행하지 못했다. 이 도안은 현재 미국 스미스소니언박물관에 소장되어 있다. (출처: 대한결핵협회)

무더기를 쌓거나 나뭇가지에 울긋불긋한 헝겊을 매달아 귀신을 달래야 결핵을 물리칠 수 있다고 생각했어요. 크리스마스실을 보급한 지 얼마 안 됐을 때 셔우드 오빠는 엉뚱한 편지를 받기도 했대요. 결핵으로 고통받고 있는 사람들을 돕는다는 광고를 보고 실을 샀는데, 그 약이 심한 기침을 조금도 낫게 해주지 않았으니 돈을 돌려 달라는 내용이었죠.

첫해 실 모금액은 당시 돈으로 850원이었다고 합니다. 실의 가격은 2전이었는데 1920년대 후반 두부 한 모의 가격(3.8전)보다 쌌대요. 오빠는 1932년부터 1940년까지 모두 아홉 차례에 걸쳐 크리스마스실을 발행했어요. 실의 도안은 주로 널뛰기, 그네 타기, 팽이치기, 연날리기, 제기차기 장면이었는데 미국이나 캐나다의 후원자들이 한국의 풍속을 담은 실을 좋아하기 때문이었대요.

그런데 오빠는 1940년 '한국의 두 아이'라는 제목의 실을 끝으로 더는 실을 발행하지 못했어요. 이것이 일제 강점기 마지막 실이 되고 말았는데, 여기에는 사연이 있어요. 1940년 실의 원래 도안에는 두 아이들 뒤에 대문이 없었어요. 그런데 이 실이 인쇄되자마자 일제 당국이 트집을 잡았대요. 검열관은 세 가지를 문제 삼았는데, 첫 번째는 두 아이가 조선 고유의 한복을 입고 있다는 것이었어요. 민족정신을 고취시켜 사회를 혼란에 빠뜨릴 수 있다고 했죠. 천진난만한 남매가 그들 눈엔 독립투사로 보였던 걸까요? 두 번째는 실에 '소화 15년'이나 '황기(皇紀) 2600년' 같은 일본 천황의 연호를 쓰지 않고 '1940년'이라고 서기를 썼다는 게 문제였어요. 세 번째는 눈 덮인 산과 마을을 지적했어요. 그들은 산을 20미터 이상 보여주어서는 안 된다는 보안 규정을 어겼다고 억지를 부렸어요. 이를 빌미로 헌병대가 사전 경고도 없이 오빠 집에 들이닥쳐 발행 준비를 끝낸 크리스마스실 상자를 모두 압수하고, 원본 그림도 폐기해버렸습니다. 그래서 이 대문 없는 실은 결국 발행되지 못했던 거죠. 다만 압수 당시 헌병대가 찾아내지 못한 실이 있었는데, 지금까지 확인된 게 고작 55장 정도라고 해요. 지금 대문 없는 실이 아주 귀한 대접을 받는 이유랍니다.

결국 오빠는 실을 다시 제작해야 했어요. 도안을 그렸던 엘리자베스 키스는 절대 그림을 수정할 수 없다고 펄펄 뛰다가 새로 발행하는 실에는 자신의 이니셜인 'E.K'를 넣지 않는다는 조건으로 그림 수정에 동의했답니다. 이 수정 도안은 '1940년'을 일본 연호로 바꾸는 대신 실 발행 9년 차를 의미하는 'NINTH YEAR'를 추가했

셔우드 홀이 1932년부터 1940년까지 발행한 총 9장의 크리스마스실

영국의 화가 엘리자베스 키스(Elizabeth Keith)는 크리스마스실 도안을 말할 때 빼놓을 수 인물이다. 그녀는 1915년부터 1925년까지 동양의 디자인을 공부하면서 일본인에게서 판화를 배우고, 몇 차례 한국을 방문했다. 한국에 대한 그녀의 사랑은 남달랐는데, 책《Old Korea》의 서문에서 "나는 한국인들의 이야기를 들으면서 그들의 강인한 성품을 잘 알게 되었고, 존경하게 되었다"라고 썼다. 그녀가 그린 도안은 1934년 '아기 업은 엄마(위 세 번째)', 1936년 '연 날리는 어린이(아래 첫 번째)', 1940년 '한국의 두 아이(아래 다섯 번째)'로 총 세 종이다. 그중 처음 도안한 1934년 실은 어머니가 어린이를 보호하듯, 한국인들이 결핵으로부터 보호받기를 바라는 마음을 담았다고 전한다. 팽이치기와 제기차기를 소재로 한 1937년 실(아래 두 번째)과 1938년 실(아래 세 번째)은 김기창(金基昶) 화백의 도안이다. (박건호 소장)

고, 산을 지우는 대신 아이들 바로 뒤에 큰 대문을 그려 넣어 산을 조금 낮아 보이게 했어요. 그러나 대문을 통해 산이 그대로 보였으므로 '20미터 보안 규정'에 저촉되는 것은 이전과 다를 바 없었지만, 검열관이 이를 다시 문제 삼지는 않았대요.

오빠는 결국 스파이 혐의로 체포되어 벌금 1천 달러를 내고 강제 출국을 당했습니다. 오빠가 쓴 회고록인 《조선회상》은 1940년 11월 강제 추방되어 부산항을 떠나던 장면으로 끝나요. 저는 그 대목을 읽고 오빠가 얼마나 한국을 사랑했는지 느낄 수 있었어요. 스파이 혐의로 쫓겨나는 상황에서도 태극기를 걸어놓고 만세라니…….

> 출발 시간이 가까워졌다. 나는 상념에서 깨어나 아이들을 불렀다. 그러고는 주머니에서 아름답게 수놓은 조선 국기를 꺼냈다. 해주에서의 환송연 때 조선 친구들이 기념품으로 우리에게 준 것이다. 나는 태극기를 펼친 다음 나뭇가지에 걸었다. 우리 가족은 태극기 주위에 모여 섰다. 조선 사람들은 전통적으로 축복을 기원할 때 "만세"를 부른다. 이 말은 "일만 년을 사십시오!"라는 뜻이다. 우리 가족 다섯 중 네 명은 모두 조선에서 태어났다. 메리언도 생애의 전성기를 조선에 바쳤다. 나는 가족에게 조선의 국기인 태극기를 향해 마지막 인사를 하자고 했다. 우리 가족은 목소리를 높여 "만세!"를 외쳤다. 조선의 진정한 국기에 '만세'를.
>
> - 셔우드 홀, 《닥터 홀의 조선회상》, 김동열 옮김, 좋은씨앗, 2009

엘리자베스 키스의 1925년 목판화와 1940년 목판화

실 제작용으로 그려진 오른쪽 수정 도안은 사실 1925년에 제작한 목판화를 약간 변형한 것이다. 두 그림의 차이점은 무엇일까? 1925년의 그림 가운데 두 아이 사이에는 물동이를 이고 걸어가는 여인이 보이지만, 1940년의 그림에서는 사라졌다. (박건호 소장)

이렇게 한국을 떠난 오빠의 가족은 바로 고향으로 돌아가지 않고 다시 인도로 가서 결핵 퇴치 활동을 계속했어요. 빈곤층이 많이 살던 아즈메르(Ajmer)에서 마다르 통합 결핵요양원을 운영하며 23년간 헌신했죠. 그리고 1963년 은퇴 후 캐나다로 돌아가 여생을 보내다가 1991년 4월과 9월에 부부가 차례로 세상을 떠났어요. 오빠는 98세, 메리언은 95세였습니다. 두 분 모두 화장 후 부모님이 묻힌 서울 양화진 외국인 묘지에 합장되었어요.

그리고 이디스 마거릿

참, 엄마 아빠와 오빠 이야기만 했네요. 저 이디스가 어떻게 되었는지 궁금하시죠? 앞서 말했듯 1894년 아빠가 돌아가셨을 때 저는 엄마 배 속에 있었어요. 그리고 엄마가 잠시 미국에 가셨을 때 태어났죠. 그 후 엄마가 한국에 귀환할 때 저도 같이 데려오셨어요. 엄마가 평양에 도착한 게 1898년 5월 1일이었는데, 그날부터 저는 몸이 아프기 시작했어요. 이질이라는 병이었어요. 제 병세는 닷새째부터 급격히 나빠졌는데, 계속되는 구토와 설사, 심한 복통으로 점점 기력을 잃고 정신이 흐릿해졌어요. 5월 23일 저는 너무 아파서 엄마에게 이렇게 부탁했어요.

"엄마, 저를 안아서 흔들어주세요"

엄마는 제 뜻대로 작은 저의 몸을 조심스럽게 들어 올려 가만가만 흔들어주셨어요. 그제야 고통이 사라지고, 마음은 평온해졌어요. 어느새 엄마 대신 돌아가신 아빠가 저를 건네받아 흔들어주셨어요. 그게 꿈이었는지 현실이었는지도 구별하지 못한 채 저는 다시는 눈을 뜨지 못했어요. 그때 제 나이 고작 세 살이었죠.

엄마는 무척 고통스러워하셨어요. 당시 엄마 일기에는 특이하게 한글로 "예수 인도하소서. 어둡고 길 모르니 나를 도와주소서" 라고 쓴 대목도 나와요. 당신을 떠받치던 기둥 하나가 갑자기 무너지고, 세상이 온통 암흑천지가 된 듯한 느낌이었대요. 다른 이들의 병을 고치느라 정작 자신의 딸을 돌보지 못했다는 자괴감 때

셔우드 홀이 강제 출국 직전에 남긴 엽서

1940년 11월 조선을 떠나기 직전 셔우드 홀이 미국 보스턴에 사는 의사 톰슨에게 보낸 엽서로, 그가 조선에서 남긴 거의 마지막 친필 엽서이다. 뒷면(아래)에는 1940년 11월 26일 해주 소인이 찍혀 있다. 홀은 인도로 이주하게 되었음을 알리며 앞으로는 서신을 인도로 보내달라고 썼는데, 넷째 줄에 '아즈메르(Ajmer)'라는 지명이 보인다. (박건호 소장)

문이었는지도 몰라요. 그래도 저는 엄마를 한 번도 원망한 적이 없답니다.

제가 죽은 후 엄마가 광혜여원 옆에 어린이병원을 지은 것도 저 때문이었어요. 병원 이름도 '이디스 기념병원'이라고 짓고 제가 어린 나이에 먼 길 떠난 것을 마음 아파하시며 몇 년간은 제 생일날 또래 아이들을 초대해 생일파티를 여셨대요. 그리고 제가 죽고 나서도 2년이나 더 육아 일기를 쓰셨어요. 그때까지도 저를 놓지 못하셨나 봐요.

엄마는 제가 아빠 곁에 잠들기를 원하셨기에, 제가 죽은 후 관을 평양에서 서울로 보내 아빠 곁에 묻으셨어요. 우리 가족 네 명 중 절반은 이생에, 나머지 절반은 하늘에 있게 된 셈이죠. 한참 시간이 흐른 뒤 엄마와 오빠 부부까지, 저희 가족은 모두 서울 양화진 외국인선교사묘원에서 재회했답니다. 저는 아주 짧은 생을 살았지만 온 가족을 다시 만날 수 있었기에 기뻤어요. 그리고 가끔 우리 가족을 기억하고 찾아와주는 한국인들을 보면 무척 반갑습니다. 1984년에는 한국 정부가 오빠를 초청해 훈장도 수여하고, 2022년에는 엄마가 제작한 점자 교재를 문화재로 등록한다는 소식도 들었어요. 저희 가족의 노고를 잊지 않고 인정해줘서 제 어깨가 으쓱해진답니다.

중요한 이야기를 빠뜨렸네요. 오빠가 무척 감동한 일이 있어요. 대한결핵협회에서 2013년에 협회 창립 60주년을 맞아 기념 실을 만들었는데, 지금까지 제작된 실 중에서 역사적 의미가 크거나 대

2013년 대한결핵협회 창립 60주년 기념 실

상단 첫 번째가 1932년 발행된 우리나라 최초의 실인 남대문 실, 두 번째가 1940년 일제에 의해 압수되어 발행되지 못한 대문 없는 실, 하단 첫 번째가 최초의 실로 준비했다가 불허된 거북선 도안을 모티프로 1967년에 다시 제작한 실이다. (박건호 소장)

중의 사랑을 받은 도안 열 종으로 구성한 것이었어요. 거기에 무려 세 장이 오빠와 관련된 것이었어요. 하나는 1932년에 처음으로 만든 남대문이 그려진 실이고요, 일제 당국에 거부당한 거북선 도안을 약간 변형해서 발행한 1967년 실도 있어요. 제일 의미 있는 건 1940년 발행되지 못했던 실이 포함되었다는 거예요.

우리 가족 이야기는 여기서 끝내려고 합니다. 긴 이야기를 들어주셔서 감사합니다. 한국은 우리 가족이 희로애락을 함께하며 애정과 진심을 다한 나라였어요. 한국인들이 행복한 모습을 보면 우리 가족도 같이 기쁘답니다. 우리 가족은 늘 여러분과 함께할 거예요. 엄마가 스물다섯 살에 조선으로 향하던 배 위에서 쓰신 일기장에 적힌 인용문으로 대신 인사를 고합니다.

> 내가 아니라, 내가 인생에서 말한 진실이
> 내가 아니라, 내가 인생에서 뿌린 씨앗이
> 후세에 전해지게 하소서.
> 나에 관한 모든 것이 잊힐지라도,
> 내가 말한 진실, 내가 행한 실천만이 남겨지게 하소서.

- 박정희, 《로제타 셔우드 홀》, 키아츠, 2018

#7 내 이름은 '개새끼(犬の子)'

성을 갈고 이름을 바꿔야만 했던 시대

'영예의 합격자' 기념사진

1941년, 14×10cm, 박건호 소장.

榮譽의 合格
大邱師範
清州師範

이름은 한 대상을 호명하는 고유한 말로 특별한 이유가 없다면 쉽게 고치지 않는 법이다. 그렇다면 하루아침에 원치 않는 이름으로 살아가야 한다는 것은 어떤 기분일까? 여기 한 학교의 학생들이 새로 고친 이름을 가슴에 달고 찍은 기념사진이 있다. 학생들의 원래 이름이 무엇이었는지 알 수는 없을까? 이름을 바꿔야만 했던 사연과 그 궤적을 쫓아 나선 8개월간의 여정을 소개한다.

'영예의 합격자' 기념사진

2019년 12월에 일제강점기의 졸업 사진 한 장을 수집했다. 이 사진은 일반적인 졸업 사진과 달리 등장하는 학생이 유난히 적다. 가운데 양복 차림의 교사를 중심으로 남학생 10명에 여학생 3명이 전부다. 마른 체형의 교사가 조선인인지 일본인인지는 분간하기 어렵다. 다소 젊어 보이지만 교장일 수도, 혹은 졸업 학년인 6학년 담임 교사일 수도 있겠다. 남학생들은 국민복, 여학생들은 흰색 저고리에 검정 치마 차림이다.

사진 뒷면에는 '소화 16년 3월 30일(昭和十六年三月三十日)'이라고 촬영 날짜가 크게 적혀 있다. 당시 학기제는 지금과 달라서 보통 3월 20일경에 졸업식을 치렀다. 아마도 졸업식이 있고 며칠 뒤 따로 시내 사진관에 모여 기념사진을 찍은 것이리라. 소화 16년은 서기로 따지면 1941년으로 중일전쟁이 한창 전개되고 있을 때고,

3월이면 아시아·태평양전쟁이 일어나기 대략 9개월 전이다.

이제 사진을 좀 더 자세히 들여다보자. 먼저 뒤쪽 벽에 종이 두 장이 붙은 게 보인다. 그중 왼쪽 종이에는 크게 '영예의 합격자(榮譽の合格者)'라고 쓰여 있다. 알고 보니 졸업생 중 명문 학교에 합격해 학교를 빛낸 인물들만 따로 모여 찍은 사진인 것이다. 요즘도 대학 입학 시즌이 되면 고등학교 정문에 명문대 진학생들의 이름이 적힌 플래카드가 걸린 모습을 볼 수 있는데, 80여 년 전 이 사진도 비슷한 상황이다. 명문 학교 진학이 학교의 가장 큰 자랑거리임은 예나 지금이나 마찬가지인 것이다.

학생들 옷을 보면 교복 상의 양쪽에 각각 진학하는 학교와 자신의 이름을 쓴 기다란 종이를 붙이고 있다. 학교 이름을 적은 종이가 훨씬 큼직한 것이, 학생 개인의 면모보다는 학생이 진학할 학교를 더 내세우고 싶은 듯하다. 분명 종이에 쓰인 학교들은 당시 아무나 갈 수 없는 곳이었을 것이다. 흥미로운 것은 뒷줄 가운데 서 있는 학생의 경우 자신의 이름 옆에 합격한 학교 이름 대신 '우리들의 지원 학교(我等の志願校)'라고 쓴 종이를 달고 있다는 점이다. 그렇다면 이 학생이 합격한 학교는 어디에 표시했을까? 바로 왼쪽 학생의 가슴 위에 있다. 이 학생의 가슴에 학교 이름이 적힌 종이가 두 장이나 붙어 있는 이유이다.

이번에는 '영예의 합격자'라고 적힌 종이 오른편 벽보를 보자. 여기에는 이름이 9개 나열되어 있다. 종이를 학생들의 옷 위에 붙이느라 산만해서 다시 정리한 것일까? 그런데 벽보의 이름과 학생들 가

합격한 학교의 이름을 가슴에 붙이고 기념사진을 찍고 있는 학생들

왼쪽 벽보에는 '영예의 합격자'가, 오른쪽 벽보에는 기념 촬영에 참석하지 못한 학생들과 그들이 진학한 학교 이름이 적혀 있다.

슴에 적힌 이름이 서로 일치하지 않는다. 게다가 얼핏 봐도 사진 속 학생 수는 13명인데 벽보에 쓰인 학생 이름은 9개다. 이런저런 이유로 사진 촬영을 같이하지 못한 학생들의 이름을 벽보에 따로 적어놓은 것으로 보인다. 학교로서는 사진 촬영에 참석했든 안 했든 학생들의 진학 실적을 최대한 드러내고 싶었던 것이다. 당시에는 대부분의 학교가 4월 초에 새 학기를 시작했을 텐데 그 직전인 3월 30일에 학생들을 모았으니 이런 불상사가 생긴 것은 아니었을까?

앳된 얼굴의 '심상소학교' 학생들

이제 영예로운 합격자를 22명이나 배출한 이 학교에 대해 알아보자. 합격자들이 진학할 곳이 덕성여자중학교, 청주제일중학교, 보성중학교 등 주로 중학교인 것을 보면 이 학교는 오늘날의 초등학교에 해당하는 곳이었을 것이다. 물론 사진 속 학생들의 앳된 얼굴만 봐도 쉽게 추측할 수 있지만 말이다. 일제강점기에는 초등학교를 가리키는 이름이 시기에 따라 세 가지였다. 그래서 일제강점기의 자료를 볼 때는 학교 이름만 봐도 어느 정도 시기를 가늠할 수 있다. 처음에는 대한제국 시기인 1906년부터 써왔던 '보통학교(普通學校)'가 그대로 사용됐지만, 중일전쟁 발발 이듬해인 1938년에 '심상소학교(尋常小學校)', 1941년 4월 신학기부터는 일제 칙령 제148호 '국민학교령'에 의해 '국민학교(國民學校)'로 명칭이 바뀌었다. 따라서 기념사진을 촬영한 1941년 3월 30일에 이 학교는 '○○심상소학교'였을 테지만, 불과 이틀 뒤인 4월 1일부터는 '○○국민학교'로 명칭을 바꿔야 했을 것이다.

내친김에 이 심상소학교가 어디에 있었는지 지역까지 유추해보자. 학생들이 진학하는 학교를 보면 먼저 대구사범학교와 경성직업학교, 보성중학교, 덕성여자중학교 등 대구와 서울 지역의 학교들이 있고, 청진수산학교처럼 저 멀리 함경도 지역의 학교도 있다(일제강점기에 함경북도 청진은 명태와 정어리로 유명한 도시였다). 하지만 이 학교들 외에는 대부분 충청권에 속한다.

그러니 범위를 좁혀 가장 가능성이 높은 충청권 내에서 유추해보자. 대전의원 간호부에 합격한 학생이 2명이고, 청주제일공립중학교 1명, 청주사범학교 3명, 청주농업학교 1명이다. 그리고 가장 많은 5명의 학생이 합격한 옥천농업학교가 있다. 사진에서 옥천농업학교는 벽보에만 적혀 있는데, 새로 입학할 학교 일정과 겹쳤던 건지 옥천농업학교 합격생들은 모두 사진 촬영에 자리하지 못했다.

정리해보면 옥천농업학교 한 학교에만 5명, 그 외 청주 지역 학교(청주제일공립중학교, 청주사범학교, 청주농업학교)에 5명이 진학했으니 이 학교는 옥천이나 청주에 있었을 것이다. 전체 합격자 22명 중 거의 절반인 10명이 이 두 지역의 학교로 진학했으니 말이다. 흥미로운 점은 두 번째로 많은 3명의 학생이 진학한 곳이 '청주사범학교'라는 점이다. 초등학교를 갓 졸업한 학생들이 교사를 양성하는 사범학교에 진학한다고? 오늘날 한국에서 교사가 되려면 4년제 교육대학을 졸업해야 한다. 중학교와 고등학교를 거쳐야 진학할 수 있다는 말이다. 하지만 이 사진을 찍을 당시는 일제가 1922년에 공표한 '제2차 조선 교육령'이 적용되는 때라 초등 교육 과정을 이수한 이라면 곧바로 사범학교에 진학할 수 있었다.

그럼 학교가 있던 지역을 찾기 위해 옥천부터 살펴보자. 옥천이 아니라면 이어서 청주도 살피게 될 것이다. 그런데 학교를 밝히는 데 결정적인 단서가 사진 속에 숨어 있다. 벽에 붙어 있는 '영예의 합격자' 종이 한쪽에 작은 글씨로 '소화 16년 제26회 졸업(昭和

十六年第二十六回卒業)'이라고 쓰인 부분이 그것이다. 소화 16년, 즉 1941년에 26번째 졸업식을 하려면 최소 1915년 이전에 개교한 학교여야 한다. 충북 옥천에 이 정도 역사를 가진 학교를 검색해보면 죽향초등학교와 청산초등학교 두 곳밖에 없다.

먼저 죽향초등학교는 1909년 10월 사립 창명학교로 출발했다. 이듬해 9월 공립으로 개편되어 교명을 옥천공립보통학교로 바꿨으며, 1938년에 옥천공립심상소학교, 1941년에 죽향국민학교, 마지막으로 1996년에 지금의 죽향초등학교로 개칭했다. 이곳은 정지용 시인과 박정희 전 대통령의 부인 육영수 여사의 모교이기도 하다. 그런데 육영수 여사가 1938년 제27회 졸업생이었던 것을 고려하면, 1941년에는 제30회 졸업생을 배출해야 하므로 죽향초등학교는 사진 속 학교가 될 수 없다.

이어서 청산초등학교를 살펴보자. 충청북도를 통틀어 세 번째로 오래된 이 학교는 을사늑약이 체결되던 1905년에 청산사립신명학교로 개교했다. 1912년에 청산공립보통학교, 1938년에 청산심상소학교, 1941년에 청산국민학교, 끝으로 1996년에 청산초등학교로 교명이 바뀌어 오늘에 이르렀다. 이 학교는 1915년에 첫 졸업생 18명을 배출한 이래 2022년 1월 현재 제107회 졸업생까지 총 9,875명의 졸업생을 배출했다. 그렇다면 제26회 졸업식이 열린 해가 1941년이 되므로 사진 속의 정보와 정확히 일치한다.

여기까지의 내용을 바탕으로 내린 잠정적인 결론은 이렇다. 이 사진은 일제강점기이던 1941년 충북 옥천의 청산심상소학교(지금의 청산초등학교) 제26회 졸업생 중 명문 학교에 합격한 학생들을 모아 학교의 진학 성과를 기념하고자 찍은 사진이다.

내선일체의 완전한 실현, 창씨개명

이번에는 사진 속 인물들에게로 시선을 돌려보자. 무엇보다 학생들의 이름이 특이하다. 사진에서 이름을 확인할 수 있는 학생은 총 8명인데, 금산국배(金山國培), 신정영웅(新井英雄), 청송영치(青松永治), 신정경옥(新井慶玉), 궁전문구(宮田文九), 이동국봉(伊東國峯, 마지막 글자는 명확하지 않음), 신궁동식(新宮東植) 등 대부분 성씨가 일본식 이름이다. 청주제일공립중학교에 진학하는 '황의찬(黃義燦)'만이 유일하게 익숙한 우리식 이름이다. 이는 일제가 1939년 11월 '조선민사령(朝鮮民事令)'을 개정하여 1940년 2월부터 6개월 동안 일본식으로 성씨를 고친 후 신고하게 한 결과다. 1941년 3월에 졸업한 이 학생들은 개정된 법령에 따라 입학할 때와 완전히 다른 성씨를 갖게 된 첫 졸업생인 셈이다.

원래 일제는 1910년 한·일병합 이후 오래도록 조선인에게 일본식 이름을 허락하지 않았다. 내지인과 조선인을 구별하기 어려워진다는 이유 때문이었다. 일제는 내지인과 조선인을 '구별'함으로써 '차별'하려고 했다. 2등 신민인 식민지 조선인들이 이름을 일본식으로 바꾸고 1등 신민인 내지인 행세하는 꼴을 보기 싫었을 것이다.

제7대 조선 총독 미나미 지로

(출처: 위키미디어 커먼스)

1910년대 친일파 중 일부가 일본에 충성한답시고 일본식으로 개명을 신청하거나, 갓 태어난 자식의 이름을 일본풍으로 지어 호적에 올리려고도 했지만 예외 없이 퇴짜를 맞았다.

그러던 1931년 만주사변으로 대륙 침략을 본격화하면서 일본은 식민지 조선을 자신들에게 군수 물자를 대는 병참 기지로 만들기 시작했다. 그리고 1936년 미나미 지로(南次郎)가 제7대 조선 총독으로 부임하면서, 구별함으로써 차별하려던 식민지 정책에 변화가 생겼다. 일본은 이제 대륙의 동북쪽 끝자락만이 아닌 대륙 전체를 손에 넣기 위한 전쟁을 앞두고 있었고, 이를 위해 조선인을 전쟁에 동원할 필요가 있었다. 그런데 조선인이 전쟁에 나가 제대로 싸우려면 뼛속부터 일본인이 되어야 했다. 미나미 지로는 이를 위해 '내선일체'를 강조하고 조선인을 충성스러운 '황국 신민'으로 만드는 작업에 박차를 가하게 된다. 조선인이 진정한 일본인으로 거듭나기 위해서는 이름도, 말도, 글도, 역사도 일본 것을 쓰고 배워야 했다. 창씨개명은 그 일환이었다. '내선일체의 완전한 실현'을 꾀한다는 취지였다.

한편으로는 조선의 친족제도, 즉 부계 혈통에 기초한 혈연 집단의 힘을 약화하고, 일본의 '이에(家)' 제도를 도입하여 천황에 대한 충성심을 심고자 하는 의도도 깔려 있었다. 조선에서 개인의 이름 앞에 붙이는 '성(姓)'은 부계 혈족(문중)의 명칭이다. 이와 달리 '씨(氏)'는 일본 사회에서 '가족으로 구성된 생활 공동체'를 의미하는 '이에'의 명칭이다. 일본 사회에는 천황을 정점으로 그 아래 각 '이에'가 존재한다는 관념이 형성되어 있었다.

이렇게 기존의 점진적 동화에서 흔히 '민족 말살 통치'로 불리는 적극적 동화로 식민지 정책을 선회한 조선총독부는 일본의 건국 기원절인 1940년 2월 11일을 기점으로 6개월간 창씨개명을 강제하는 정책을 실행했다. 이날부터 '씨(氏)'의 신고 접수를 시작하여 6개월 안에 스스로 창씨하도록 한 것이다. 이에 따라 모든 조선인 호주(戶主)는 창씨를 할 것인지 말 것인지, 한다면 무엇으로 할 것인지를 결정해야만 했다. 창씨(創氏), 즉 '씨'를 창제한다는 것은 한국의 성명(姓名)을 일본식 씨명(氏名)으로 바꾸는 것을 의미한다. 이 창씨와 함께 개명(改名), 즉 이름을 바꾸는 일도 동시에 추진했다. 다만 창씨는 의무였지만 개명은 선택 사항이었다. 그래서 실제로 창씨만 한 사람이 많았다. 총독부는 창씨개명을 하지 않는 조선인에게 여러 불이익을 주었다. 1940년 5월 30일자 《윤치호 일기》에는 이런 사정을 보여주는 대목이 있다.

> 지방에서는 경찰, 군수, 면장이 주민들에게 창씨개명을 하도록 강하게 압박하고 있다. 집을 짓거나 구입하려는 사람이 창씨개명하지 않은

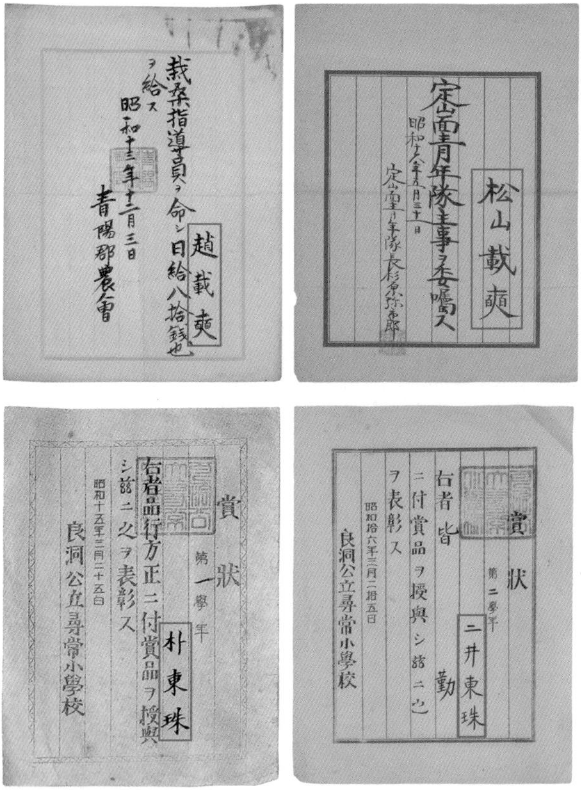
趙載奭
栽桑指導員ヲ命シ日給八拾銭也ヲ給ス
昭和十三年十二月三日
青陽郡農會

松山載奭
定山面青年隊主事ヲ委囑ス
昭和十六年五月三十日
定山面青年隊長

賞状
第一學年 朴東珠
右者品行方正ニ付賞品ヲ授與シ茲ニ之ヲ表彰ス
昭和十五年三月二十五日
良洞公立尋常小學校

賞状
第二學年 二井東珠
右者皆勤ニ付賞品ヲ授與シ茲ニ之ヲ表彰ス
昭和拾六年三月二拾五日
良洞公立尋常小學校

창씨개명 전과 후 변화를 보여주는 자료들

소화 15년(1940)을 기준으로 '조재석(趙載奭)'이 '송산재석(松山載奭)'으로(위), '박동주(朴東珠)'가 '이정동주(二井東珠)'로(아래) 바뀌었다. 모두 창씨만 했을 뿐 이름은 바꾸지 않은 사례이다. (박건호 소장)

경우에는 인가를 내주지 않는다. 일부 지역에서는 소학교에 입학하려는 아이들이 창씨개명하지 않으면 취학아동 증명서를 발부해주지 않는다고 한다.

이런 압력에 한국인들은 다양한 방식으로 반응했다. 안동의 독립운동가 이현구(李贒求), 고창의 의병 출신 설진영(薛鎭永) 같은 이들은 자결이라는 극단적 방법으로 저항했다. 설진영의 자결은 임권택 감독의 영화《족보》(1978)의 소재가 되기도 했다. 곡성의 류건영(柳健永)도 "슬프다. 이미 나라가 멸망했을 때 죽지 못하고 30년간 치욕을 받아왔지만 이제는 혈족의 성마저 빼앗으려 한다. 나는 짐승이 되어 사느니 차라리 깨끗한 죽음을 택한다"라며 미나미 지로에게 항의서를 보내고 죽음으로써 이 대열에 합류했다. 한국인들은 '결단코 하지 않겠다'라고 굳게 다짐할 때 '성을 간다'라는 표현을 쓴다. 성을 간다는 것은 자신의 존재를 스스로 부정하겠다는 의미로, 다르게 말하면 사람도 아니라는 뜻이다. 이들에게 일제의 창씨 강요는 나의 존재와 민족의 정체성 자체를 부정하는 것이었으니, 여기에 대한 저항은 죽음밖에 없다고 생각한 것이다.

구례의 황원(黃瑗)도 기억해야 할 인물이다. 일제가 창씨개명을 요구하자 황원은 가족들을 모아놓고 "우리 집안은 역사를 가진 대한국인일 뿐만 아니라 누세 충열(忠烈)의 사족이라, 죽음으로써 항거할 때이니 겁내지 말라"라고 하고, 끝내 창씨하지 않았다. 그러나 이후 일제는 직권으로 '황씨(黃氏)'로 창씨하고 호적에 올렸다. 황원은 부당한 창씨개명과 신사참배까지 강요하는 일제에 저항하여 1944년 음력 2월 음독 후 집 뒤의 저수지에 뛰어들어 운명했다.

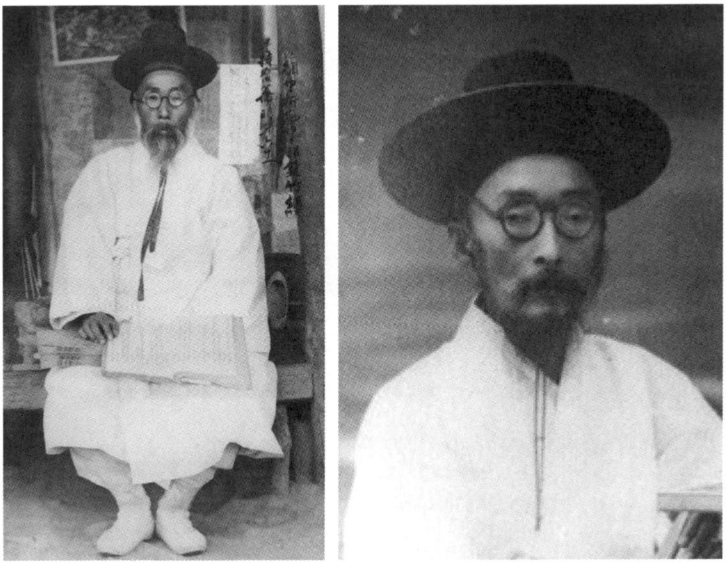

황원과 황현 형제

일제의 창씨개명에 저항해 목숨을 끊은 황원(왼쪽)의 유해는 형 무덤 옆에 나란히 묻혔다. 《매천야록(梅泉野錄)》의 저자로 잘 알려진 황현(黃玹, 오른쪽)이 그의 형이다. 황현 역시 나라가 식민지로 전락하자 1910년에 절명시를 남기고 자결한 인물이다. (출처: 독립기념관)

사후에 그의 주머니에서 발견된 〈절명시(絶命詩)〉 첫머리에는, "천하에 도가 있을 때는 도로써 몸을 따르게 하고, 천하에 도가 없을 때는 몸으로써 도를 따르게 하라[天下有道以道殉身 / 天下無道以身殉道]"라는 《맹자》의 한 구절이 적혀 있었다.

이름을 교묘하게 비틀어 저항하는 이들도 있었다. '산천초목(山川草木)', '견마우돈(犬馬牛豚)', '청산백수(青山白水)'처럼 아예 우스

갯소리로 이름을 짓는가 하면, 도리어 훈민정음을 끌어와 '가나다(加那多)'로 창씨해 옥고를 치른 이도 있었다. 어떤 이는 성을 바꾸었으니 '개자식이 된 단군의 자손'이라 하여 '이누코 구마소(犬子熊孫)'로 창씨 신고서를 제출했다가 퇴짜를 맞았고, 또 누구는 '개 같은 놈 똥이나 처먹어라'라는 의미의 '이누쿠소 구라에(犬糞食衛)'로 신고했다가 경찰로부터 문책을 당하기도 했다. 동래(東萊)의 어떤 이는 조선인은 성을 바꾸면 짐승 취급을 하므로 '개새끼'라는 뜻의 '이누노코(犬の子)'라고 신고서를 제출했다가 거절당한 경험을 말하고 다녀 6개월 징역형을 받기도 했다. 만담가 신불출(申不出)의 창씨명도 절묘했다. 그가 창씨개명 한 이름은 '구로다 규이치(玄田牛一)'였는데, '玄'과 '田'을 합치면 '畜(축)'이고 '牛'와 '一'을 합치면 '生(생)'이 되니 말 그대로 축생, '짐승만도 못한 놈'이라는 뜻이다.

일왕을 비롯한 일본 왕족의 칭호나 총독의 이름을 빗댄 경우도 더러 있었다. '천황폐하(天皇陛下, 덴노헤이카)'와 일본어 발음이 비슷한 '전농병하(田農丙下)'와 같은 이름이 회자되었고, 총독 미나미 지로(南次郎)의 이름 중 가운데 글자를 바꿔 '미나미 다로(南太郎)'로 지은 경우도 있었다. 일본인들이 흔히 첫째 아들에게 '다로', 둘째 아들에게 '지로'라고 이름 붙이는 것에 착안해 '내가 미나미 지로 네 형님이다'라는 뜻으로 지은 것이다. 한편 관공서에 '덴노조쿠 미나고로시로(天皇族皆殺郎)', '쇼와 보타로(昭和亡太郎)' 같은 이름으로 창씨개명 해도 괜찮냐는 엽서를 보낸 이도 있었다. 각각 '천황족을 모두 죽일 자', '천황을 죽일 자'란 뜻이다.

일본 왕족 와카마츠 노미야(若松宮)의 '若松'과 일왕 히로히토(裕仁)의 '仁'을 결합해 와카마츠 히토(若松仁)라는 이름으로 창씨개명했다가 불경죄로 경찰에 체포된 이도 있었다. 어떤 학생은 쇼와 천황의 황태자 책봉 이전과 이후 이름을 합친 '적궁유인(迪宮裕仁)'을 자신의 씨명으로 신청해 경찰서에 끌려갔다. 이 이름은 '미치노미야 히로히토'로 읽는데 그 발음이 '미친놈이야 히로히토'와 비슷하다는 이유였다.

이런 우여곡절 끝에 신고 기간이 끝났다. 이 6개월 동안 총 400만 8,925가구 중 322만 693가구가 신고를 마쳤는데, 이는 식민지 조선인 가구의 80.3%에 해당했다. 그러나 "새로운 씨를 제출하지 않을 때는 호주의 성을 씨로 한다"라는 조항에 따라 원래의 성을 씨로 삼았기 때문에 자의든 타의든 결과적으로는 100%가 창씨한 것으로 볼 수 있다.

이 기간에 특히 바쁜 곳이 세 곳 있었다. 신고 업무를 담당한 관공서와 씨명을 지어주는 작명소, 마지막으로 종친회가 그곳이다. 그중 친족 전체가 새롭게 창씨해야 하는 상황을 두고 종친회에서는 연일 피 터지는 논쟁이 벌어졌다. 그 결과 대부분의 종친회가 본관(本貫) 및 성(姓)에서 글자를 따서 새롭게 일본식 씨를 만들었다. 김해 김씨는 '김해(金海)', 안동 권씨는 '안동(安東)', 전주 이씨는 조선 왕조의 왕족이라는 자부심을 반영하여 '나라의 근본'과 '궁궐의 근본'을 뜻하는 '국본(國本)'과 '궁본(宮本)', 밀양 박씨는 신라의 시조 박혁거세가 나정(蘿井)에서 태어났다는 건국 신화를 바

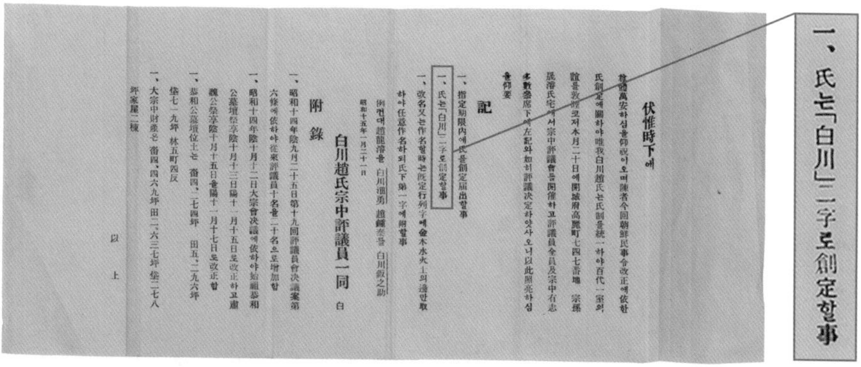
伏惟時下에
皆體萬安하심을仰祝이오며陳者今回朝鮮民事令改正에依한
氏創定에關하야唯我白川趙氏는氏制를統一하야百代一宗의
誼를敦睦코저本月二十日에開城府高麗町七四七番地 宗孫
晟濬氏宅에서宗中評議會를開催하고評議員全員及宗中有志
多數參席下에左記와如히評議決定하얏사오니以此照亮하심
을仰要

記

一、指定期限內에氏를創定屆出할事
一、氏는「白川」二字로創定할事
一、改名又는作名할時는既定行列字에金木水火土의邊만取
하야任意作名하되氏下第一字에附할事
例컨대 趙龍濬을 白川瀧勇 趙鎬奎를 白川鎬之助

昭和十五年一月二十一日

白川趙氏宗中評議員一同 白

附錄

一、昭和十四年陰九月二十五日第十九回評議員會決議案第
六條에依하야從來評議員十名을二十名으로增加함
一、昭和十四年陰十月十二日大宗會決議에依하야始祖泰和
公墓壇祭享陰十月十三日陽十一月十五日로改正하고肅
襖公祭享陰十月十五日을陽十一月十七日로改正함
一、泰和公墓壇位土는 畓四,二七四坪 田五,二九六坪
垈七一九坪 林五町四反
一、大宗中財產은 畓四,四六九坪 田二,六三七坪 垈二七八
坪家屋二棟

以上

배천(白川) 조씨 가문의 회의 문서

1940년 1월 배천 조씨 종중 회의에서 그들의 본관을 딴 '白川'을 새로운 씨로 결정한다는 내용을 담은 문서이다. 창씨개명 정책에 따라 1940년 전국에서 수많은 문중회의가 열렸다. (박건호 소장)

탕으로 '신정(新井)'으로 새로운 씨를 삼는 등 나름의 역사와 전통을 살리려 했다. 운 좋게도 임씨와 류씨, 남씨 등은 일본에 '林(하야시)', '柳(야나기)', '南(미나미)'라는 같은 한자의 씨가 있어 기존의 성을 그대로 쓸 수 있었다.

잃어버린 이름을 찾아서

문득 영예 합격자 기념사진 속 학생들의 잃어버린 이름이 궁금해

졸업생의 이름이 적힌 종이

학생들이 왼쪽부터 순서대로 '청송영치(靑松永治)', '신궁동식(新宮東植)', '금산국배(金山國培)', '황의찬(黃義燦)', '이동국봉(伊東國峯)'이라고 쓰인 종이를 붙이고 있다.

졌다. 앞서 언급했지만 성씨마다 비슷한 방식으로 창씨했기에, 원래의 성을 유추하는 것은 어렵지 않다. 단, 개명은 따로 하지 않았음을 전제로 하자. 창씨만 하는 경우가 많기도 했지만 개명에는 유형화할 만한 패턴이 없기 때문이다.

먼저 '신정영웅(新井英雄)'이다. '신정'은 박씨(朴氏)가 창씨할 때 선택한 씨라고 앞서 언급했다. 그러므로 이름까지 고친 게 아니라면 그는 원래 '박영웅'이었을 것이다. 세 여학생 중 가운데 앉아 있는 '신정경옥(新井慶玉)'도 같은 이유에서 원래 이름은 '박경옥'이었을 것이다. '금산국배(金山國培)'의 '금산'은 보통 김씨가 창씨할 때 '김해(金海)', '금촌(金村)' 등과 함께 많이 선택한 씨였다. 그러므로 그의 원래 이름은 '김국배'였을 것이다. 다음은 '청송영치(青松永治)'이다. 경북 청송이 본관인 심씨는 '송본(松本)' 혹은 본관을 그대로 딴 '청송'을 새로운 씨로 삼았다. 그러므로 '청송영치'는 본래 '심영치'였을 것이다.

그럼 '부전문구(富田文九)'와 '이동국봉(伊東國峯)'은 원래 무슨 성씨였을까? '부전'은 나씨(羅氏)의 창씨 중 하나이고, '이동'은 윤씨(尹氏)의 창씨 중 하나이다. 지식인 윤치호(尹致昊)가 창씨개명한 이름도 '이동치호(伊東致昊)'였는데, 사람들이 이를 "이 똥 치워"로 읽어 조롱했다는 일화는 유명하다. 다음으로 '신궁동식(新宮東植)'인데, '신궁'의 다른 사례는 찾지 못해 그의 원래 이름을 유추할 수 없어 아쉬움을 남긴다.

마지막으로 청주제일공립중학교에 진학하는 황의찬은 유일하게 새로운 씨명을 쓰지 않았다. 당시 황씨들은 주로 '황원(黃原)', '방촌(芳村)', '회산(檜山)', '황전(黃田)', '황본(黃本)', '광전(廣田)' 등으로 창씨했는데, 황의찬은 어떤 이유로 원래 이름을 그대로 쓴 것일까? 창씨하지 않았다는 이유로 학교에서 차별이나 불이익을 받지는 않았을까?

한글 이름 졸업장 수여식

이렇게 학생들의 창씨개명 전 이름을 규명해보았지만, 이는 단순

자신의 창씨 전 이름이 적힌 졸업장을 받는 청산초등학교 제28회 졸업생과 당시 학적부

오른쪽은 청산초등학교의 1939~1941년 학적부로 사진 속 주인공들의 이름이 수록되어 있을 것이다. 이후 황민호 기자는 동문회 관련자들을 수소문했지만, 2005년 졸업장 수여식 자료는 모두 사라졌다는 사실을 확인했을 뿐이다. 또한 당시 행사에서 한글 이름이 적힌 졸업장을 받은 제28회 졸업생 전용익 할아버지를 찾아가 사진을 보여주기도 했지만, 할아버지는 사진 속 인물들을 기억하지 못했다. (황민호 기자 제공)

'영예의 합격자' 사진을 들고 찾은 청산초등학교

청산심상소학교 제26회 졸업 사진은 돌고 돌아 80여 년 만에 고향에 돌아왔고, 나는 이 사진으로 인해 옥천을 처음 방문했다. 이 사진은 무슨 인연으로 나에게 왔을까?

한 유추일 뿐, 실제인지 확신할 수는 없다. 게다가 22명 중 나머지 14명은 이름이 흐릿하거나 가려져 아예 추론조차 할 수 없었다. 그래서 궁싯거리며 이런저런 자료들을 찾아보다가 흥미로운 신문 기사를 하나 발견하게 되었다. 지난 2005년 옥천의 청산초등학교가 개교 100주년을 맞아 특별한 행사를 열었다는 내용이었다. 바로 1941년 제26회부터 1945년 제31회까지의 졸업생들, 즉 일제강점기에 창씨개명 한 이름이 적힌 졸업장을 받은 이들을 초청해 원래 이름을 적은 새 졸업장을 수여하는 의미 있는 행사였다. 2005년 행사 관련 자료를 확인하면 사진 속 인물들의 본명도 알 수 있을 터였다.

나는 곧장 청산초등학교 총동창회를 통해 한글 졸업장을 받은 사람들 명단을 확인해보기로 했다. 하지만 연락이 쉽게 닿지 않아 차선책으로 당시 행사를 취재 보도한 신문 기자를 만나보기로 했다. 그중엔 《옥천신문》의 황민호 기자가 있었는데 옥천에 연고를 둔 신문사의 기자이니 지역 사정에도 밝을 것이란 기대가 있었다. 나는 2020년 4월 기자에게 사진에 관한 이야기와 청산초등학교 제26회 졸업생들의 창씨개명 전 이름을 알고 싶다는 내용의 메일을 보냈다. 다행스럽게도 그는 이 사진에 큰 관심을 보였고, 이튿날 청산초등학교를 직접 방문해 사진이 청산초등학교 제26회 졸업생들의 사진임을 확인해주었다. 그뿐만 아니라 그들의 학적부도 찾아냈다.

그러나 거기까지였다. 개인정보보호법 때문에 학적부를 열람할 수 없었던 것이다. 어쩌랴, 법이 그런 것을. '영예의 합격자' 기념사진을 수집하면서부터 시작된 8개월간의 기나긴 여정은 결국 아쉬움을 남긴 채 끝낼 수밖에 없었다.

해주 어느 여학교의 졸업 앨범

내게는 창씨개명과 관련된 흥미로운 자료가 하나 더 있다. 1941년 해주신정공립고등여학교의 제6회 졸업 앨범으로 2016년 5월에 수집한 것이다. 고등여학교는 오늘날의 중학교와 고등학교 과정을 합친 여성 교육기관이라 보면 된다. 이 앨범에는 졸업생 총 52명의 사진과 이름이 실려 있는데, 이들은 청산초등학교 제26회 졸업생들과 마찬가지로 창씨개명 정책이 시행된 후 배출된 첫 졸업생들이라 앨범에도 일본식으로 개명한 이름이 인쇄되어 있다.

그런데 내가 이 앨범을 수집한 이유는 당시 졸업생 중 한 명이었을 앨범의 원래 주인이 친구들 이름 옆에 개명하기 전 이름을 연필로 일일이 병기해놨기 때문이다. 꼼꼼한 기록 덕분에 창씨개명 전후의 이름을 정확히 비교할 수 있다. 청산초등학교에서 풀지 못한 한을 여기서나마 해소해보기로 한다.

당시 황해도 해주에 있던 해주신정공립고등여학교의 학생들은 이름을 어떤 식으로 바꾸었을까? 몇 가지 유형별로 정리해보자. 먼저 5명은 창씨만 하고 이름은 바꾸지 않았다. 이채옥(李彩玉)

1941년 해주신정공립고등여학교의 제6회 졸업 앨범

앨범 속 학생들 사진 밑에는 창씨개명 한 이름이 인쇄되어 있는데, 앨범의 원래 주인이 사진의 오른쪽에 창씨개명 이전의 이름을 연필로 써놓았다. 창씨개명 이전과 이후를 비교하기에 좋은 자료이다. (박건호 소장)

일제 말 여학생의 이름 변화

이채옥(위 세 번째)과 오숙자(아래 두 번째)를 제외한 네 명은 성과 이름을 모두 바꾸었다. 이름 마지막 자에 기존에 없던 '자(子)'가 들어갔다는 게 공통점인데, 바뀐 이름은 순서대로 '금강정자', '북도열자', '봉촌소자', '향야천혜자'이다.

→청산채옥(青山彩鈺), 이준옥(李俊玉)→삼정준옥(三井俊玉), 송인숙(宋仁淑)→삼정인숙(三井仁淑), 이지응(李芝膺)→목산지응(牧山芝膺), 오숙자(吳淑子)→고산숙자(高山淑子)가 그들이다. 한편 성은 그대로 쓰고 이름만 바꾼 사례도 한 명 있다. 류광수(柳光秀)가 류승자(柳勝子)로 이름을 바꾸었는데, 임씨(林氏)와 남씨(南氏)가 그런 것처럼 류씨(柳氏)는 일본에 같은 씨가 있어 그대로 사용할 수 있었기 때문일 것이다.

나머지 46명은 모두 창씨하면서 이름도 개명했다. 이건 다소 당황스러운 사실이다. 왜냐하면 내가 수집한 여러 상장이나 편지에서는 창씨는 했지만 이름은 그대로 쓰는 경우가 대부분이었기 때문이다. 왜 다른 경향을 보이는 걸까? 부계 중심으로 가계가 이어지다 보니 남자는 창씨하면서도 본래의 이름을 지키려는 흐름이 강했던 반면, 여성은 비교적 개명에 자유로울 수 있었던 것은 아닐까?

혹은 여성의 경우에는 참고할 만한 개명 기준이 존재했을 수도 있다. 실제 이 여학교 앨범 속 창씨개명 한 이름 중에 유난히 '자(子, 일본어로는 '코'로 발음됨)' 자가 들어간 이름이 많다. 창씨개명 이전 이름에 '자' 자가 있던 학생은 '오숙자(吳淑子)' 한 사람밖에 없었다. 그런데 창씨개명 이후 '자' 자가 들어간 이름이 전체 52명 중 38명으로 비율로는 무려 73%에 달했다. 새로 창씨하면서 개명까지 한 46명을 기준으로 삼으면 약 83%다. 여자 이름에 '자' 자를 붙이는 것이 유행이었던 것일까?

이렇게 된 건 일제 당국이 단시일에 창씨개명을 몰아붙인 사실과도 관계가 있을 수 있다. 특히 시골 사람들은 이름을 어떻게 고쳐야 할지 몰라 난감했을 텐데, 이런 상황에서 일제가 동네 단위로 몰아대다 보니 면 서기들이 제멋대로 일본식 작명을 부추겼을 것이다. 이때 여자는 이름 두 글자 중 마지막 글자를 '자'로 정해두면, 나머지는 여성의 정숙, 순종, 미(美) 등을 강조하는 한자만 붙이면 되니 개명 자체는 쉬운 일이었다. 한때 한국 여성들 이름의 대명사였던 '미자', '춘자', '복자', '숙자', '영자'의 전성시대가 막 열리는 순간이었다.

#8 '묻지마라 을축생' 태봉의 유언장

아시아·태평양전쟁의 조선 청년

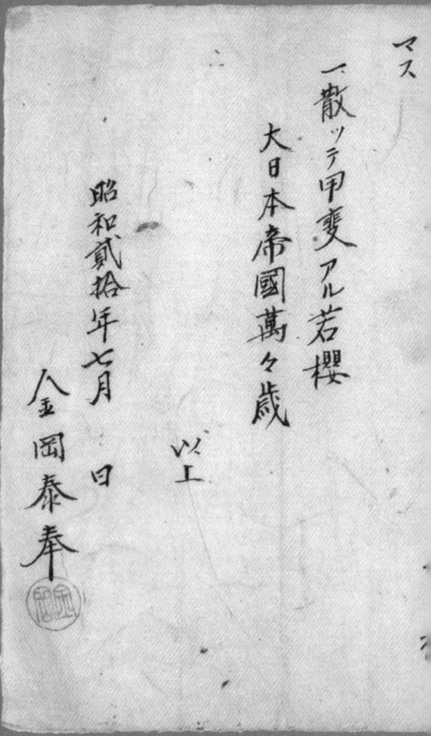
マス
一散ッテ甲斐アル若櫻
大日本帝國萬々歳
以上
昭和貳拾年七月 日
金岡泰奉

태봉이 남긴 유언장

1945년, 39×18.5cm, 박건호 소장.

遺言状

残シタ明子ヲ大事ニ育テ、國民學校ニハ是非
卒業サセテクレヨ次ニ頼ミタイコトハ御両親様ノ
コトダ老タル父母ニ出来得ル限リ孝行シテクレ
命令ヲ良ク守ッテ家中ニ不平ヲ起ラナイヨウニス
レバ九段ノ私コソ喜ンデヤルゾ
弟ノ泰圭ニモ國民學校ニ入學サセルダガ輞川洞
デハ子供達ノ教育ニ甚ダ不便デアルカラオ父サン
ニ頼ンデノ通學便利ナ地點ニ移舍シスルヨウニシテ
クレヨ
祖先カラ傳ッタ土地ハ如何ナル困難ガアッテモ賣
渡シナイヨウニシテクレ家中ニ不便ナル事ガア
レバ時々從兄ニ相談シテクレ私ノ衣類ハ奇麗
ニ洗濯シテ日光消毒ヲナシ、弟ノ泰圭ニユズッテ
クレヨ
豢安東金融組合ニ若干ノ貯金ガアルカラ拂戻

굴곡 많은 한국 현대사라지만 1924년, 1925년에 태어난 이들은 특히 혹독한 시련과 고난을 온몸으로 감당했다. 창창한 나이가 된 청년들은 자신의 이른 죽음을 확신하고 동갑내기 친구와 부모, 자식에게 작별 인사를 해야만 했다. 앳된 얼굴로 찍은 기념사진과 무거운 슬픔이 밴 유언장을 유독 많이 남긴 이 세대 청년들의 사연을 만나보자.

가장 사적이면서도 공적인 이야기

아기가 잠드는 걸 보고 가려고
아빠는 머리맡에 앉아 계시고,
아빠가 가시는 걸 보고 자려고
아기는 말똥말똥 잠을 안 자고.

- 윤석중, 〈먼 길〉

한없이 사랑스럽고 평온하기만 한 이 동시가 실은 가슴 아픈 근현대사를 배경으로 한다는 사실을 아는 사람은 드물다. 훗날 윤석중은 징용 가는 아빠를 모티브로 삼아 시를 썼다고 밝혔다. 실제로 그는 큰아들이 두 살이 되던 1939년에 징용 통지를 받았다. 가서 살아 돌아온다고 확신할 수 없던 시대였다. 시간이 지나 시인은 "보따리를 싸놓고 아들의 얼굴을 들여다보았습니다. 재우려 하

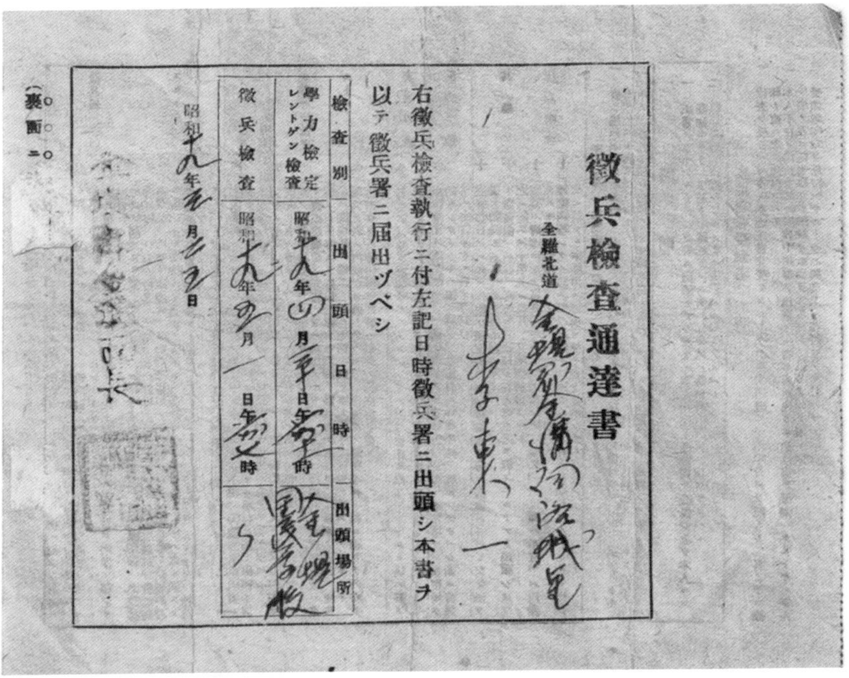
徵兵檢査通達書

全羅北道

右徵兵檢査執行ニ付左記日時徵兵署ニ出頭シ本書ヲ以テ徵兵署ニ届出ヅベシ

檢査別	出頭日時	出頭場所
學力檢定 レントゲン檢査	昭和　年　月　日　時	
徵兵檢査	昭和　年　月　日　時	

昭和　年　月　日

1940년대 징병검사 통지서

중일전쟁 이후 수많은 한국인이 군수공장과 탄광, 전쟁터에 동원되었다. 사진은 1944년 전라북도 김제군 김제면의 청년 이동일(李東一)에게 배부된 징병검사 통지서이다. (박건호 소장)

는데 아이는 잠들지 못하고 자꾸 내 얼굴을 쳐다보는 거예요"라며 회고했다.

동시 〈먼 길〉은 이처럼 단순한 서정시가 아니라 일제강점기에 징용을 떠나는 아빠와 아기의 안타까운 이별 장면을 그린 것이다. 순진무구한 아기라고 해서 역사의 격랑에서 비껴 서 있을 수는 없었다. 모든 사람은 태어나는 순간부터 '그 시대의 자식'이 된다. 그래서 일제강점기 아빠와 아기의 이별은 가장 사적인 동시에 공적인 이야기이며, 가장 미시적이면서 거시적인 역사가 된다. 전체 속에 하나가 있지만, 하나 속에 또 전체가 있는 것이다. 일제강점기는 부모와 자식뿐만 아니라 남편과 아내, 친구나 연인 간의 수많은 이별 이야기로 촘촘하다. 그래서 이 시대의 이야기는 슬프다.

태봉의 유언장

2020년 6월 인터넷 경매에 올라온 일본어로 쓰인 한 통의 유언장 역시 일제강점기의 애절한 사연을 품고 있었다. 소화 20년인 1945년 7월에 '금강태봉(金岡泰奉)'이란 인물이 징병되어 전쟁터로 떠나면서 가족에게 남긴 것이었다. 민족 말살 통치기 징병제와 관련된 소중한 자료임이 분명했다. 그러나 일본어라는 언어의 장벽이 높았던 탓인지 예상과 달리 이 유언장은 별 관심을 끌지 못했다. 경쟁자가 없는 덕에 쉽게 낙찰받을 수 있었고 며칠 후 자료를 실물로 보게 되었다. 한지에 먹으로 정갈하게 쓴 유언장은 가로 39cm, 세로 18.5cm 크기로 봉투 없이 그냥 접혀 있는 상태였다. 80여 년 전 한 청년이 남긴 유서를 손으로 만지자니 기분이 묘했다. 마치 문서에 글쓴이의 생명과 영혼이 깃든 것처럼 느껴졌다.

먼저 이 유언장을 쓴 '금강태봉(金岡泰奉)'이라는 이름부터 살펴보자. 일본어로 음독하면 '가네오카 타이호'쯤 되겠다. 앞 장에서 살펴봤듯이 식민지 조선인들은 성을 일본식 씨로 바꿔야만 했는데, 창씨한 사례들을 보면 유언장의 주인공은 성이 '김(金)'이었을 가능성이 높다. 당시 김씨는 주로 '가네오카(金岡)', '가네우미(金海)', '가네다(金田)', '가네모토(金本)', '가네시로(金城)' 등으로 창씨했기 때문이다. 다만 '태봉'이라는 이름은 조선식이므로 그의 원래 이름은 '김태봉'이었을 것이다. 따라서 '가네오카 타이호' 대신 그를 '가네오카 태봉'이라고 불러도 무방하겠다. 사진을 보면, 태봉은 유서의 끝에 자신의 이름을 적고 일본식 씨명이 새겨진 도장을 찍어놓았다. 창씨 후 새로 만든 도장이었을 것이다.

이제 내용으로 들어가보자.

유언장

남기고 가는 명자(明子)를 잘 길러서 국민학교는 꼭 졸업시켜주시오. 다음으로 부탁하고 싶은 것은 부모님 (관련된) 일이오. 나이 드신 부모님께 되도록 효도하기를 바라오. 명령을 잘 지키고 집안에 분란이 일어나지 않게 해준다면 나도 구단(九段, 저승)에서나마 기쁘겠소.

동생 태규(泰圭)도 국민학교에 입학했는데, 망천동(輞川洞)에서는 아이들 교육하기가 심히 불편할 거요. 아버지께 부탁해서 통학이 편리한 곳으로 이사시켜주시오.

조상님이 물려주신 토지는 어떠한 곤란함이 있더라도 팔지 말고, 집안에 불편한 일이 있으면 때때로 사촌 형과 의논하시오. 내 의류는 깨끗하게 세탁하고 햇빛에 소독해서 동생 태규에게 주시오.

그리고 안동 금융조합에 적지만 저금한 돈이 있으니 찾아서 국방헌금으로 내주시오. 저금통장은 책상 서랍에 들어 있소.

마지막으로 부모님의 장수와 오랜 행복을 기원합니다.

일제히 스러져 보람 있는 젊은 벚꽃,

대일본제국 만만세

이상

소화 20년 7월 (빈칸)일

금강태봉

태봉의 고향은 경상북도 안동이었던 것으로 보인다. 유언장에는 태봉이 어느 지역에 살았는지 보여주는 단서가 몇 군데 있다. 그가 거래한 금융기관으로 기록된 '안동 금융조합'이 가장 직접적인 단서다. 또한 국민학교에 갓 입학한 동생 태규가 '망천동'에서 통학하기 어려우니 학교 주변에 방을 구해주라는 당부가 나온다. 망천동은 안동시 임동면에 있는 마을이다. 1914년 행정구역 개편에 따라 임당리와 통합하면서 망천동이 되었고, 1980~1990년대에 임하댐이 만들어지면서 수몰되었다. 그곳 주민들은 근처로 이주하여 새로운 마을을 이루었는데 마을 명칭은 그대로 망천동이다.

글을 읽다 보면 분명 누군가에게 부탁하는 투인데, 호칭도 이름도 등장하지 않는다. 태봉은 누구에게 유언장을 남겼던 것일까?

봉투도 따로 없고, 수신자도 써놓지 않아 단정할 수 없지만 문맥상으로 보면 아내에게 쓴 것으로 보인다. 유언장 서두부터 어린 딸 명자(明子, 아키코)를 잘 키워 국민학교를 마칠 수 있게 해달라고 당부하고 있기 때문이다. 전선으로 떠나기 전 태봉은 딸 명자가 가장 눈에 밟혔을 것이다.

유언장에 나타난 태봉의 가족 구성을 보면, 아내와 딸 명자, 국민학교에 갓 입학한 동생 태규가 있다. 부모도 두 분 모두 살아계신다. 장남인 태봉이 만 20세로 징병에 끌려가는 나이였으니, 부모는 그렇게 연로하지 않았을 것이다. 태봉은 딸 명자에 대한 걱정 말고도 부모 봉양, 갓 국민학교에 입학한 동생 뒷바라지, 집안에 닥칠 생활고를 염려하며 아내에게 그에 관한 당부를 전했다. 마지막 인사를 남기는 순간에도 태봉은 장남으로서 무거운 책임감을 느꼈나 보다. 유언 내용을 다시 정리하면 대략 다음과 같다.

첫째, 남기고 떠나는 딸 명자는 꼭 국민학교를 졸업시킬 것.

둘째, 부모님 말씀(원문에는 '명령')을 잘 듣고 효도하고 집안의 화목을 도모할 것.

셋째, 동생 태규가 망천동 집에서 통학하기 힘드니 아버지와 의논해 학교 근처에 방을 구해줄 것.

넷째, 조상 대대로 물려받은 집안의 전답(田畓)은 절대 팔지 말 것.

다섯째, 집안 대소사는 사촌 형과 의논할 것.

흥미로운 대목은 자신이 입던 옷을 잘 세탁해 햇볕에 소독한 후 동생 태규에게 줄 것을 부탁하는 부분이다. 집에 돌아온다면 자신이 다시 입을 옷을 한참 어린 동생에게 부러 물려주려는 것을 보면, 자신이 전쟁터에서 살아 돌아오기 힘들다고 생각했음이 분명하다. "나이 드신 부모님께 되도록 효도하기를 바라오. 명령을 잘 지키고 집안에 분란이 일어나지 않게 해준다면 나도 구단에서나마 기쁘겠소"라는 말에서도 자신의 죽음을 기정사실화하고 있다. 태봉이 유언장을 썼던 1945년 7월은 아시아·태평양전쟁이 이미 막바지에 접어들었을 때로 희망보다는 절망, 삶보다는 죽음이 가까운 때였다. 그래서 태봉은 죽음을 각오해야만 했고, 그의 유언은 비장할 수밖에 없었다.

'철의 폭풍'과 집단 자결

태봉이 전선으로 떠나던 1945년 7월은 어떤 상황이었을까? 아시아·태평양전쟁이 발발한 지 6개월 후인 1942년 6월, 미드웨이 해전에서 미군은 일본의 가장 중요한 항공모함 전력과 최정예 해군 조종사를 궤멸시킴으로써 전세의 중요한 전환점을 만들었다. 승기를 잡은 미군은 1945년 2월 도쿄에서 약 1,200km 떨어진 이오지마(硫黃島)를 점령하여 일본 영토에 최초로 성조기를 꽂았다. 3월부터는 미군 전폭기들이 일본 본토의 주요 도시들을 매일같이 공습하기 시작했다. 흔히 '도쿄 대공습'이라고 부르는 폭격이다. 이미 전세는 미국을 포함한 연합군 쪽으로 크게 기울어진 상황이었다. 일본과 같은 추축국이었던 이탈리아가 이미 1943년 9월에 항복한 데 이어 1945년 5월에는 독일마저 연합국에 항복한 터였다. 이런 상황에서 강제 징집되어 전선으로 떠나는 태봉은 무사 귀환을 장담할 수 없었다. 게다가 출군 한 달 전인 6월에 미군이 오키나와를 점령하는 과정에서 벌어졌던 일련의 사건들에 관한 소식은 그에게 더없이 큰 공포심을 심어주었을 것이다.

1945년 3월부터 6월까지 벌어진 오키나와 전투는 포탄과 폭탄이 폭풍처럼 몰아쳤다고 해서 '철의 폭풍'이라 불린다. 그런 만큼 아시아·태평양전쟁 중 가장 격렬했던 전투로 꼽히곤 한다. 3개월 남짓한 기간 동안 미군 약 1만 2,500명, 일본군 약 9만 4,000명, 일본 민간인 약 9만 4,000명이 사망했다. 민간인 사망자 수가 이렇게 많은 이유는 이른바 '집단 자결' 때문이다. 당시 일본 정부는 미군의 상륙을 저지하기 위해 자국민에게 '1억 옥쇄(一億玉碎)'를 명령했다. 말 그대로 1억 명의 자국민에게 '옥이 부서지듯' 장렬하게 싸우다 죽으라는 소리였다.

당시 일본은 미국과 영국을 '미영귀축(米英鬼畜)'이라고 부르며 적국을 철저히 악마화했다. 귀축은 불교 용어인 '아귀축생(餓鬼畜生)'의 약어인데, 일본에서는 잔인하고 비인간적인 짓을 하는 자를 귀신과 짐승에 빗대어 귀축이라고 불렀다. 이는 모두 자국민의 결속을 더욱 강화하고 투쟁 의지를 고양하기 위해서였다. 적국의 언

아시아·태평양전쟁 시기 어느 여학교 기념사진

학생들 뒤로 일장기와 아시아·태평양전쟁 시기 구호가 새겨진 간판이 보인다. 왼쪽에 일부가 가려졌으나 '미영격멸(米英擊滅)'이라고 쓰였을 구호에는 미국과 영국에 대한 당시 일본의 적개심이 잘 드러나 있다. (박건호 소장)

어라는 이유로 영어 수업도 학교에서 사라지는 판국이었다.

일본군은 미군의 상륙이 임박한 상황에서 오키나와 주민들에게 "미군에게 잡히면 비참하게 죽는다"라느니, "강간당한 뒤 불타 죽는다"라느니 공포심을 불어넣고 최후의 순간에는 차라리 자결하는 편이 국가와 민족을 위해 더 나은 선택이라고 강요하듯 외쳐댔다. 이런 상황에서 실제로 미군이 오키나와에 들어오기 시작하자 안 그래도 두려움에 떨던 주민들은 충격과 공포에 휩싸였다. 놀랍게도 일본군은 그런 주민들에게 자결을 독촉하듯 수류탄을 지급했다. 자결은 곧 국가의 준엄한 명령이었다. 곳곳에서 끔찍한 광경이 벌어졌다. '집단 자살'이 시작된 것이다. 수류탄을 쥔 사람 주변에 20~30명이 모여 같이 폭사하거나 간호부가 모여 앉은 주민들에게 한꺼번에 독약을 주사하는 식이었다. 수류탄이나 극약이 없는 사람들은 서로 칼로 찌르거나 목을 졸랐다. 해안가 절벽에서 뛰어내리는가 하면, 목에 끈을 감은 뒤 그 끈을 나무에 묶고 앞으로 달려가 질식사하는 등 가능한 모든 방법을 동원했다.

지옥이 있다면 1945년 6월 오키나와가 바로 생지옥이었던 셈이다. 이런 오키나와발 끔찍한 소식은 식민지 조선에도 전해졌을 것이다. 그러니 이 무렵에 출정하는 군인 중에 자신이 살아 돌아올 수 있다고 믿는 이가 몇 명이나 되었겠는가? 게다가 7월 20일 이후부터는 태봉의 고향인 경상북도 안동에서 그리 멀지 않은 부산 등 한반도 남부에도 미군의 공중 폭격이 시작됐다. 전쟁은 그렇게 코앞까지 닥쳐왔다. 태봉이 죽음을 기정사실화하고 유언장을 쓴 것은 그래서였을 것이다.

다소 당혹스러운 점은 태봉의 유서에 일제에 대한 충성심이 표출되고 있다는 것이다. 이와 관련해 유서의 마지막 문장이 눈에 띈다. "일제히 스러져 보람 있는 젊은 벚꽃, 대일본제국 만만세"가 그

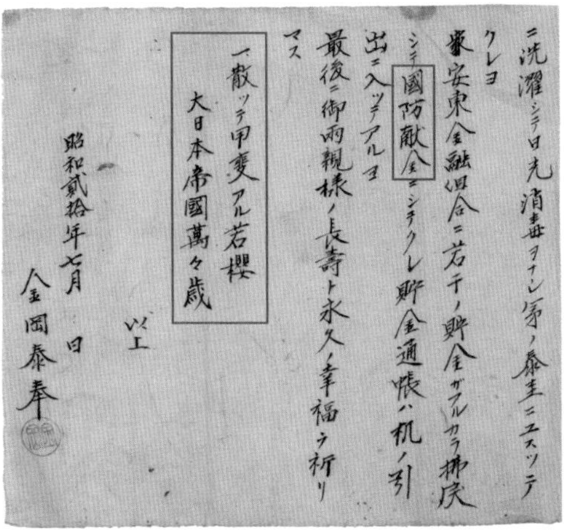
ニ洗濯シテ日光消毒ヲナシ弟ノ泰圭ニユズッテ
クレヨ
尚安東金融組合ニ若干ノ貯金ガアルカラ払戻
シテ國防献金ニシテクレ貯金通帳ハ机ノ引
出ニ入ッテアルヨ
最後ニ御両親様ノ長寿ト永久ノ幸福ヲ祈リ
マス

一散ッテ甲斐アル若櫻
大日本帝國萬々歳

以上

昭和貳拾年七月 日
金岡泰奉

태봉의 유언장 중 마지막 부분

안동 금융조합의 저금을 찾아 '국방헌금'으로 내라는 대목과 '일제히 스러져 보람 있는 젊은 벚꽃, 대일본제국 만만세'라고 쓴 부분이 보인다.

것이다. 화려하게 폈다가 한 번에 지는 벚꽃처럼 나라를 위해 자신의 목숨을 장렬하게 바치겠다는 뜻이다. '일제히 스러지는 벚꽃'은 '1억 옥쇄'와 같은 의미로 쓴 것이다. 이렇게 일제강점기 말 천황과 국가를 위해 싸우다 죽는 것은 '옥쇄'나 '벚꽃의 낙화'처럼 온갖 아름다운 말로 포장됐다. 그러나 아무리 보석과 꽃에 비유하더라도 죽음의 비참함과 공포는 가려질 수 없었다.

이런 은유적인 문구나 구호야 관용적인 것이라 하더라도, 유서 후반부의 안동 금융조합에 예치된 돈을 찾아서 '국방헌금'으로 내달라고 당부하는 대목에서는 고개가 갸우뚱해진다. 내내 가족을 걱정하던 사람이 자신이 모은 돈을 가족을 위해 쓰는 게 아니라 국방헌금으로 내달라고 하니 말이다. 태봉의 이런 부탁은 진심이 담긴 부탁이었을까? '대일본제국 만세'로 자신의 유언장을 끝맺을 때 그는 정말로 대일본제국이 영원하기를 바랐을까?

만약 이 유언장이 훈련소에서 전쟁터로 떠나기 전 징병자들에게 일괄적으로 쓰게 한 것이라면, 해석은 달라질 여지가 있다. 국방헌금 운운한 부분이나 말미의 미사여구들은 유언장 검열을 의식한 징병자들이 무사통과를 위해 으레 덧붙이는 내용이었을 가능성이 있다. 정확한 이유를 알 수 없는 상황에서 우리는 유언장에 쓰인 내용만을 근거로 추측할 수 있을 뿐이니, 태봉의 진심에 대한 성급한 판단은 보류하는 편이 좋겠다.

설사 유언장 말미의 부탁과 표현 들이 태봉의 진심이 담긴 것이었다 할지라도 우리가 그를 무턱대고 비난할 수는 없다. 조심스럽지만 태봉의 삶을 생각해보면 당시 그에게 '조국'은 일본이었을지도 모른다. 일본인으로 태어나고 일본인으로 교육받았으니, 일본인처럼 사고하는 청년이 되는 것은 어쩌면 당연한 일이다. 게다가 글씨체와 문장 표현으로 보아 태봉은 일정 수준의 교육을 받았음이 분명하다. 그는 학창시절 내내 일본에 대한 충성심을 세뇌받았을 것이다. 아시아·태평양전쟁이 일어난 이후 신문마다 연일 군입대를 독려하고 찬양하는 총독부와 지식인들의 글이 넘쳐났고, 성전(聖戰)에서 승리하기 위해 총후보국(銃後報國, 전장의 후방에서 나라의 은혜에 보답함)에 힘쓰자는 구호들도 요란했다. 따라서 일본인으로 교육받은 젊은이들에게 당시는 그들의 '조국'이 '미영귀축'과 전쟁 중이며 전세는 극히 불리한 상황이었다. 특히 미군의 오키나와 상륙과 주민들의 옥쇄 소식을 들은 젊은이라면, 전선에 나가

가미카제 특공대원들이 받은 접시

국가를 위해 벚꽃처럼 떨어지자는 외침은 구호로만 끝나지 않았다. 아시아 · 태평양전쟁 말기 일제는 가미카제 특공대를 조직해 이를 현실화했다. 가슴과 어깨에 벚꽃 가지를 꽂은 가미카제 특공대원들은 벚꽃을 흔드는 여학생들의 환송을 받으며 제로센 전투기(零式戰鬪機, 일본 해군 항공대의 경량급 전투기)를 몰고 출격해 미 항공모함을 향해 떨어졌다. 사진은 가미카제 특공대원들에게 기념품으로 준 접시로, 일장기와 전투기 주변에 흐드러지게 핀 벚꽃이 그려져 있다. '가미카제 특별 공격대'와 '제로센 전투기'라는 글씨도 보인다. (박건호 소장)

일제강점기 공출로 모인 금속 용기

일제강점 말기 전쟁은 총력전 체제였다. 군인들이 전선에서 싸우고 있을 때, 후방에서도 '총후보국'이라는 미명하에 전쟁을 뒷받침하는 많은 일들이 있었다. 무기 제작을 위한 금속 공출도 그중 하나였는데, 사진은 공출한 금속 용기를 배경으로 찍은 기념사진이다. 쌓아놓은 금속의 양이 어마어마하다. (박건호 소장)

싸우는 것이 '조국'을 지키는 것이자 가족과 고향을 지키는 일이라고 생각했을 것이다.

식민지 조선의 청년들이 자의든 타의든 일본을 조국으로 생각하고, 그 조국을 위해 한목숨 바쳐 싸우리라 다짐했다고 생각하면 무척이나 서글프지만, 이마저도 결국 우리가 껴안아야 할 우리의 역사임에는 틀림없다. 이런 이유로 당시 아시아·태평양전쟁에 참전한 수십만 명의 조선 젊은이를 무작정 비판하기는 힘들다. 그들은 분명 어떤 형태로든 정체성의 혼란을 겪었을 것이다. 올림픽 마라톤 경기에서 자신이 쟁취한 금메달이 일본의 영광이 될 때 손기정이 느꼈을 법한 정체성의 혼란을 출군을 앞둔 조선의 젊은이들도 어떻게든 느꼈을 것이다. 태봉의 유언장에도 그런 복잡다단한 심경이 고스란히 드러나 있다.

전선으로 내몰린 조선 청년들

그렇다면 조선의 젊은이들은 언제부터 일본의 군국주의적 전쟁에 동원되었을까? 중일전쟁 발발 이듬해인 1938년에 일제는 처음으로 '육군특별지원병제'라는 이름으로 지원병 제도를 실시했다. 1941년에는 아시아·태평양전쟁을 개시했고 1943년부터 학도지원병제를 도입하여 지원병의 범위를 학생으로까지 확대했다. 그러나 전세가 불리해지면서 지원병만으로는 역부족이라고 판단한 일제는 1942년 5월 징병제 실시를 결정하고 1944년 8월부터 징병제를 실행했다. 총독부 기관지 《매일신보》는 '징병제 시행 결정'이라는 제목의 사설에서 감격에 겨운 듯 다음과 같이 이를 찬양했다.

> 대망의 날은 왔다. 순국의 지성에 불타는 2,400만 민중이 오랫동안 열망하던 징병제도가 드디어 시행되게 되었다. 이리하여 반도 민중은 진정한 황국신민으로서 국방의 의무를 짊어지게 되었으니 성대(聖代)의 신민으로서 이보다 더 큰 영광이 또 어디 있으랴. 반도의 청년 남아는 국가의 간성으로 제일선에 용약(勇躍, 용감하게 뛰어감) 출동하여 진충봉공(盡忠奉公, 나라를 위해 충성을 다해 힘씀)의 성(誠, 정성)을 다하게 되었으니 황국에 생을 향유한 자로서 이보다 더 큰 환희가 또 어디 있으랴. 이제 반도 민중은 이 영광과 이 환희를 갖게 되었다. 이 영광과 홍은(鴻恩, 넓고 큰 은혜)에 보답하고 이 환희와 감격을 보람 있게 하는 길은 오직 하나뿐이니 2,400만 민중은 오늘 이 자리에서 정신을 가다듬어 일사보국(一死報國, 한목숨을 바쳐 나라에 보답함)의 큰 결의와 큰 각오를 새롭게 하지 않으면 안 된다.
>
> -《매일신보》 1942년 5월 10일자

이에 따르면 1944년에 만 20세가 되는 조선인 청년들은 모두 징병 대상이었다. 1944년 4월 1일부터 8월 20일까지 제1기 징병 신체검사가 실시돼 대상자 26만여 명 가운데 20만여 명이 검사를 받았고, 그중 4만 5,000명이 현역병으로 입대했다. 제2기 신체검사는

1945년 2월부터 5월에 걸쳐 실시되어 역시 4만 5,000명이 조선군 및 관동군에 배치됐다. 징병자 중에는 9만 명의 현역병 외에도 상당수의 보충병이 있었는데, 이들은 근무대, 농경근무대 등 다양한 형태로 동원되었다.

1943년 징병제가 공표되자 어용단체인 국민총력조선연맹(國民總力朝鮮聯盟)은 "이것이야말로 내선일체의 완전한 실현"이라고 찬양하면서 '징병제 실시 신궁봉고제(神宮奉告祭, 어떤 특별한 일이 있을 때 신에게 고하는 의식)'라는 행사를 열어 시가행진을 벌이기도 했다. 식민지 조선인이 드디어 대일본제국의 당당한 신민이 되어 천황을 위해 목숨 걸고 싸울 자격을 갖게 되었다는 사실에 감사를 표한다는 의미였다. 일제는 징병검사에 합격한 장정들에게 징집 영장을 발부하고 그들의 집에 장행기(壯行旗, 출전하는 군인들을 축하하거나 환송하는 의미로 만든 깃발)를 꽂아 '영예의 집'으로 떠받들었다. 천 명이 한 땀씩 '무운장구(武運長久)'라는 글자를 수놓은 천인침(千人針, 센닌바리)을 배에 두르면 총알이 비껴간다는 근거 없는 소문이 돌아 온 나라가 천인침을 만드느라 부산했다.

징병제는 해방 직전인 1944년과 1945년 두 해에 걸쳐 실시됐다. 당해에 연령 만 20세가 되는 조선인 청년은 모두 징집 대상자였으므로, 시행 첫해인 1944년에는 1924년 갑자생(甲子生)이, 이듬해엔 1925년 을축생(乙丑生)이 전선으로 내몰렸다. 아주 심각한 결함만 없으면 대부분 신체검사를 통과했다. 그러나 이듬해 해방이 되어 구사일생으로 살아 돌아온 이들을 맞이한 것은 혹독한 가난과 좌

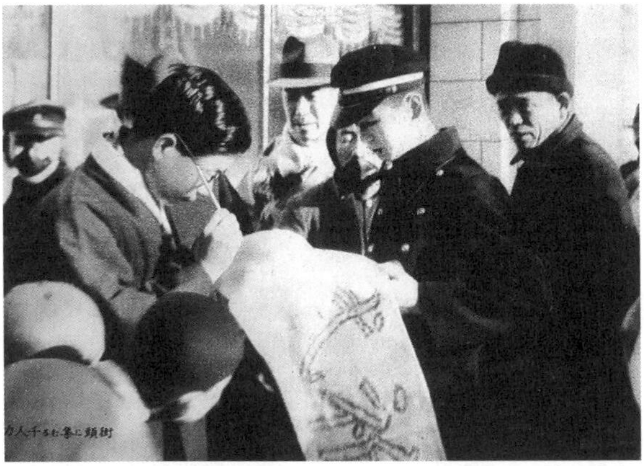

길거리에서 천인침을 만드는 모습을 담은 일제강점기 엽서

(박건호 소장)

실제 군인들이 착용한 천인침

'무운장구(武運長久)'라고 쓴 글자가 보인다. (부평역사박물관 소장)

우 이념 대립이었다. 그게 끝이 아니었다. 얼마 뒤 한국전쟁이 터지면서 그들은 또다시 징집이 되어 전선에서 피 흘려 싸웠으며, 휴전 후에는 가족 부양을 위해 노심초사해야만 했다. 그래서 '묻지마라 갑자생'이라는 말이 20세기 한국 역사에서 가장 혹독한 시절을 겪은 1924년생들을 일컫는 말로 굳어졌다. 이듬해에 태어난 을축생도 그 처지가 별반 다르지 않았다.

1945년에 징집된 태봉은 '묻지마라 을축생'이었다. 그는 2월부터

'잊지 말자 친구여!'

아시아·태평양전쟁이 막바지로 치닫던 1944년 9월, 징병제로 전쟁에 나가기 전 친구들이 모여 찍은 기념사진이다. 사진 오른쪽에 '잊지 말자 친구여!'라고 써놓았다. (박건호 소장)

5월 사이에 실시된 신체검사를 통과하고 6월경 주소지 근처의 훈련소에서 훈련을 마친 후 7월에 전선으로 떠났을 것이다. 그리고 떠나기 직전 편지 형식의 유언장을 남겼다. 일본이 패망하기 불과 한 달 전이었다. 그가 무사히 집에 살아 돌아왔는지, 안타깝게도 전사하여 불귀(不歸)의 혼으로 남았는지 그 사정까지는 알 수 없

다. 안동군에 살던 그의 가족들은 어찌 되었을까? 명자는 아빠의 유언대로 국민학교를 무사히 마쳤을까?

또 한 장의 유언장

전쟁터로 떠나는 남편이 아내에게 남긴 유언장이 대한민국역사박물관에도 한 점 전시되어 있다. 태봉의 유언장과 비슷한 시기에 작성된 것으로 남편 수일(修一)이 두 아이를 홀로 양육해야 하는 아내에게 남긴 이별의 편지이다. 살아 돌아오기 힘들다고 생각했는지 역시 '유언장'이라는 제목을 달았다. 태봉이 아내에게 조상 대대로 내려온 전답을 절대 팔지 말라고 유언한 것과 달리, 수일은 경제적으로 어려운 일이 생기면 부동산을 팔아서 가계에 보태라고 당부하고 있다.

아쉬운 것은 아내를 향한 따뜻한 말 한마디 적지 않았다는 점이다. 이는 태봉의 유언장에서도 마찬가지이다. 혼자 두고 떠나서 미안하다든지, 몇 년 되지 않은 신혼 생활 동안(떠나는 태봉과 수일의 나이는 만 20세였다는 사실을 상기하자) 고마웠다든지, 반드시 살아 돌아올 테니 걱정하지 말고 기다리고 있으라든지 애정과 신뢰를 담은 표현을 단 한 줄이라도 남겼다면, 남은 아내에게 큰 위로와 힘이 되었을 텐데 말이다.

일본 규슈 탄광에 강제 징용되어 일하다 사망한 조선인 노동자의 품에서 나온 가족사진
징병되어 전선으로 떠난 태봉과 수일의 품속에도 이런 가족사진이 있었을 것이다. (독립기념관 소장)

유언장

대일본제국의 남자로 태어나서 신체가 그다지 건강하지 못해 제2국민병역에 편입되었소. 이번에 국가간성(干城, 방패와 성이라는 뜻으로 나라를 지키는 믿음직한 군대나 인물을 가리킴)으로서 부름을 받은 것은 (해독 불가) 흔쾌하기 이를 데 없다오. 충분히 각오는 해둔 일이라고는 하지만, (내가) 출정하고 없을 때 신불(神佛)과 조상에 대한 제사는 결코 게으름 피우지 말기를 바라오. 그리고 각별히 몸조심하여 큰딸 카네오(金夫) 양육에 힘쓰고 부끄럽지 않은 상속인 또는 여성으로 길러주시오. 그것이 제일의 부탁이오. 또한 나약한 여성의 몸으로 어린 두 아이를 데리고 마음대로 일도 못 할 테니 경제적으로 어려움에 빠지는 때가 있을 것이오. 그때는 친척 어른들과 상의해 부동산이라도 매각하여 가계에 보탬이 되도록 해주시오.

아내에게 수일이

이 유언장에도 가족을 남겨두고 떠나야 하는 수일의 애잔한 마음과 무거운 슬픔이 묻어 있다. 전쟁은 이렇게 수많은 가족을 갈라놓았다. 어린아이를 두고 멀리 징용을 가는 아빠가 있었고, 부모와 처자를 남겨두고 전쟁터로 내몰리는 아들과 남편이 있었다. 끝끝내 가족의 품에 돌아오지 못한 수많은 갑자생, 을축생 청년들의 명복을 빈다.

#9 인민군 철모를 쓴 한국군

한국전쟁과 전쟁 트로피

고창 점령 기념사진

1950년, 각 5×6.5, 6.5×9cm, 박건호 소장.

敵의 鐵帽를 쓰고

수집품에 담긴 모든 정보를 집요하게 물고 늘어져도 종종 소득 없이 돌아서야 할 때가 있다. 역사적 지식과 수집 경험, 상상력을 동원해보아도, 가만한 자료가 말해주는 것 이상으로는 알 수 없는 법이기 때문이다. 이날 역시 사진 앞뒤의 모든 정보를 조합해 봤지만 아쉬움이 남아 만지작거리던 중 사진 뒷면의 질감이 왠지 낯설게 느껴졌다. 나는 0.1밀리미터를 사이에 두고 놓칠 뻔한 힌트를 그야말로 '파헤치기' 시작했다.

* 글 내용 중 전쟁 트로피에 대한 부분은 위키피디아의 내용을, 제11사단의 양민 학살 부분은 《호남지역 군 작전 중 발생한 민간인 희생 사건》(2009)을 참고했다.

잠들어 있던 사진 속 비밀을 파헤치다

빛과 어둠, 사랑과 증오. 서로 달라보이지만 근원은 하나가 아니었을까?(Light and dark, love and hate look different but wasn't there one source?)

테런스 맬릭(Terrence Malick) 감독의 영화 〈씬 레드 라인(The Thin Red line)〉(1998)에 나오는 한 미군 하사의 독백이다. 역사가 시작된 이래 인류는 전쟁을 멈춘 적이 없다. 누군가 말했듯이 오로지 죽은 자만이 전쟁 없는 세상을 누리고 있을지도 모르겠다. 인간은 평화만큼이나 전쟁을 추구했고, 한쪽에서는 한없이 관용을 베풀면서 다른 한쪽에서는 타인을 배척하고 잔인하게 말살했다. 전쟁은 정말로 인간의 본성인 것일까?

이번 글은 두 장의 사진 속에 담긴 전쟁 이야기다. 오래된 사진은 앞뒷면에 관련된 정보가 적혀 있지 않고서는 제삼자가 내용과 맥락을 알기 어렵다. 반면에 사진에 날짜와 장소 같은 정보가 조금이라도 적혀 있으면 내용을 보다 쉽게 읽어낼 수 있다. 기록학에서는 이런 데이터에 대한 데이터를 '메타데이터(metadata)'라고 칭한다. 사진에 적어놓은 메타데이터는 우리가 그 속의 시대와 접속할 수 있게 하는 일종의 패스워드인 셈이다.

2014년 3월 나는 빛바랜 사진 두 장을 수집했다. 같은 시기, 같은 장소에서 찍은 것이 분명한데 그중 한 장만 있었다면 몰랐을 내용이 다른 사진에 담겨 서로를 보완해주고 있었다. 편의상 〈사진1〉, 〈사진2〉로 지칭하기로 하자. 군인이 〈사진1〉에 한 명, 〈사진2〉에 두 명으로 총 세 명의 군인이 등장하는데, 사진의 낡은 정도도 그렇고 그들이 입은 제복으로 보나 무기로 보나 한국전쟁 때의 사진임이 틀림없다.

먼저 〈사진1〉을 살펴보자. 동계 군복을 입고 철모를 쓴 군인이 앉아 있는데, 오른손에 쥔 총은 한국전쟁 당시 남한 보병의 주력 무기였던 M1 개런드 소총이다. 총부리에 매단 낡은 태극기에는 자세히 보면 무운장구(武運長久)의 염원을 담은 글이 빼곡하다. 무엇보다 허리춤에 수류탄을 차고 있다. 전시 상황이 아니라면 상상할 수도 없는 모습이다. 이번에는 사진 뒷면을 보자. 오른쪽에 세로로 길게 두 줄로 '화랑 보병 제11사단 제13연대 제3대대 장교계 시대'라고 적혀 있고, 그 왼쪽에 '읍 주둔 기념', 그 아래쪽에 희미하게나마 '4283.11.22.'라고 숫자가 쓰여 있다. 날짜를 단기로 적은 것으로, 서기로 환산하면 정확히 1950년이다. 1950년 11월 22일 화랑

〈사진1〉의 앞면과 뒷면

〈사진2〉의 앞면

부대 소속 군인 한 명이 자신의 부대가 어떤 읍 지역에 주둔한 기념으로 찍은 사진임을 알 수 있다. 적힌 날짜는 한국전쟁이 발발한 지 약 5개월이 지난 시점이니, 추운 겨울이 시작되기 직전이다. 그가 입은 두꺼운 코트도 11월 말의 한기를 증언한다.

이 사진의 주인공은 장교계 소속이긴 하지만 실제로 장교 계급은 아니었을 것이다. 그가 입고 있는 긴 모직 코트는 부사관과 병사 들에게 보급한 동계복으로 보이는데, 당시 장교들은 길이가 더 짧은 카키색 하프 코트를 입었기 때문이다. 게다가 주인공이 들고 있는 M1 개런드 소총 역시 장교용이 아니었다. 왼팔 어깨에 붙어 있는 사단 마크는 빛 반사로 제대로 보이지 않지만 제11사단 화랑부대 마크일 것이다. 현재 제11사단 마크는 푸른색의 방패 위에 '11'을 상징하는 두 개의 흰색 사선이 그려진 모양인데, 이 마크는 1951년 9월 제2대 사단장 오덕준 준장의 지시로 만들어진 것이다. 그러므로 그로부터 10개월 전에 찍은 사진 속 사단 마크는 정확히 어떤 모습이었을지 확인하기 어렵다. 처음 앞면만 보았을 때는 몰랐던 내용들이 뒷면에 담겨 있는 메타데이터를 통해 드러났다. 그러나 여전히 여기가 어떤 곳인지 그리고 사진 속 주인공의 이름이 무엇인지는 알 수 없다.

이제 〈사진2〉를 볼 차례다. 〈사진1〉과 함께 수집된 것으로 사진의 낡은 정도와 구도, 그리고 '태극기를 매단 소총'과 '철모'라는 동일한 오브제가 등장하는 점을 보았을 때 같은 시기, 같은 장소에서 촬영한 사진임이 확실해 보인다. 여기에는 두 명의 군인이 총을 들고 있는데, 〈사진1〉과는 다른 인물들이다. 앉아 있는 왼쪽 인물은 복장이 〈사진1〉의 군인과 흡사한데 다만 그가 쥔 소총에는 태극기가 보이지 않는다. 서 있는 오른쪽 인물은 복장이 나머지 두 사람과 다른 것이 그들과 계급이 다를 수 있음을 암시한다. 이 오른쪽 인물이 든 소총에도 태극기가 매달려 있는데, 자세히 보면 태극 문양 둘레에 '필승(必勝)'이라는 글자가 쓰여 있다. 또한 '38선'이라는 글자도 보이는데, 아마 '38선을 돌파하여 북진통일 이루자'와 같은 내용일 것이다. '너와 나'로 시작하는 문구는 '너와 나 목숨 바쳐 ○○하자' 따위의 내용이 아니었을까? 이 인물은 무용(武勇)을 과시하듯 탄띠를 X자로 둘러맸고, 연한 색 안경도 쓰고 있다. 군복 왼쪽 어깨에 붙어 있는 화랑부대 마크 역시 〈사진1〉처럼 빛 반사 때문에 잘 보이지 않는다.

적의 철모를 쓰고

그런데 고맙게도 〈사진2〉에는 〈사진1〉이 말해주지 않는 정보들이 담겨 있다. 먼저 왼쪽 아래에 '적(敵)의 철모(鐵帽)를 쓰고, ○○ 점령 기념(○○占領記念)'이라는 글이 쓰여 있다. 사진 소장자가 펜으로 쓴 것이 아니라 군인들의 요청으로 사진관에서 인화할 때 아예 박아준 것이다. 처음에는 점령한 지역명인 '○○'이 어디인지 해독할 수 없어 '적의 철모'에 착안하여 평양이 아닌가 생각했다. 국군이 북한의 수도 평양을 점령한 기념으로 찍은 사진이라고 추측한 것이다. 이 사진을 수집한 이유도 사실 이 가능성 때문이었다. 이승만 대통령의 평양 입성과 관련된 사진들을 익히 봐왔던 나는 국군이 평양에 입성해서 이런 기념사진도 찍었나 하는 호기심이 생겼던 것이다.

그런데 곰곰이 따져보니 시기적으로 11월 22일은 평양에서 이런 사진을 찍을 수 있는 때가 아니었다. 국군은 1950년 10월 19일 평양을 점령했고, 그로부터 보름이 채 안 된 10월 말 중국군이 이 전쟁에 개입했다. 이때부터 전세가 다시 요동치면서 국군과 유엔군은 남으로 밀리기 시작했고, 12월 4일 결국 평양에서 철수했다. 그러니 사진을 찍은 11월 22일이면 국군이 한창 중국군의 위세에 밀려 후퇴하는 상황이었으므로 이렇게 여유롭고 의기양양한 모습으로 사진을 찍기 어려웠을 테다. 게다가 적의 수도인 평양을 점령했는데 고작 '읍 주둔' 정도라고 쓰진 않았을 것이다.

그래서 다시 '○○' 부분을 꼼꼼히 살피고 따져보았더니 이는 전라북도 '고창(高敞)'을 흘려 쓴 글자였다. 이 군인들은 1950년 9월 15일 인천상륙작전 직후 인민군이 장악했던 지역을 수복하는 과정에서 고창을 탈환한 기념으로 사진을 찍은 것이다. 고창은 국군이 전라북도에서 가장 늦게 수복한 지역인데, 그 날짜가 바로 사진 촬영 이틀 전인 11월 20일이다. 이처럼 한국전쟁 당시 전선은 북쪽에만 있지 않았다. 남한에 있던 인민군이 인천상륙작전으로 보급로를 차단당한 채 후퇴를 시작했고, 이 과정에서 국군 및 유엔군을 상대로 남한 곳곳에서 전투를 벌이다가 죽거나 포로로 잡혔다. 일부는 남한에 고립된 상태에서 주로 지리산 등 산악 지역으로 이동해 여순 사건(1948) 이후 활동을 시작한 구(舊) 빨치산 세력과 함께 저항을 이어갔다. 화랑부대 제11사단 소속 군인들도 이런 상황에서 전북 고창을 수복한 후 노획한 인민군 철모를 쓰고 한껏 무용을 과시하는 사진을 촬영한 것이다.

전우의 이름을 남기다

〈사진2〉 속의 군인들이 누구인지 더 구체적으로 알 방법은 없을까? 통상 사람의 행동 패턴은 비슷한 것이어서 〈사진1〉 뒷면에 펜으로 뭔가 기록을 남겼다면, 〈사진2〉에도 비슷하게 글을 써놓았을 가능성이 높다. 그러나 안타깝게도 〈사진2〉 뒷면에는 〈사진1〉과 같은 글자가 보이지 않는다. 대신 사진 인화지와는 다른 누런 갱지가 뒷면에 붙어 있었다. 혹시 이 누런색 종이 안쪽에 또 다른 정보가 숨어 있는 것은 아닐까? 그렇다면 그 메타데이터를 찾기 위해 사진 뒷면을 '발굴'해보면 어떨까? 나는 혹시나 있을지 모를 새로운 정보를 찾아 마치 땅속에 묻힌 유물을 발굴하듯이 누런 종이 밑에 있는 글자를 파헤쳐보기로 했다. 사진을 발굴한다? 근사하지 않은가? 커터 칼로 종이를 조심스럽게 떼내기 시작한 지 5분여 만에 첫 글자가 서서히 모습을 드러내기 시작했다.

'박 하사(朴下士)' 세 글자였다. '아하, 이 중에 한 명이 박 하사구나!' 그리고 바로 왼쪽에 '정보계(情報係)'라는 글자! 사진에 등장하는 두 인물 중 하나일 박 하사는 정보계에서 일했다. 조금만 더 발굴해보자. 나는 커터 칼을 삽으로 삼아 사진 뒷면에 있는 '비밀의 정원'을 조심스럽게 파 내려갔다. 신라의 최치원도 자신의 시문집에 《계원필경집(桂苑筆耕集)》이란 이름을 붙여 '계수나무 정원에서 붓으로 밭을 갈았다'라고 하지 않았는가.

'김창시(金昌市)!' 다른 인물의 이름도 드러났다. 김창시란 이름 옆에는 〈사진1〉에서처럼 '장교계 시대'라고 쓰여 있는데, 〈사진1〉의 인물과 같은 복장을 한 왼쪽 남자가 바로 김창시일 것이다. 복장이 똑같은 것으로 보아 두 사람이 같은 장교계 소속 군인임을 알려준다. 그렇다면 혼자 복장이 다른 〈사진2〉의 오른쪽 인물이 '정보계 소속 박 하사'다. 그런데 두 사람 이름 위에 'S1'과 'S2'라는 글자가 보인다. 이는 부대 편제 용어로 볼 수 있는데 보통 S1은 인사계, S2는 정보계를 말한다. 사진에 나오는 '장교계'는 정식 편제에 없다는 점을 고려하면, 이 부대에서는 인사계를 그렇게 불렀던 것은 아닐까? 정리하자면 김창시는 장교계 혹은 인사계, 박하사는 정보계 소속이었던 것으로 보인다. 마지막으로 한가운데에 큰 글씨로 '○○ 기념'이라고 적혀 있는데, 무엇을 기념한 것일까? 이 사진의 마지막 발굴지다. 조심스럽게 칼로 누런 종이를 긁어낸다. 두 글자 중 '우(友)' 자가 먼저 보인다. 그 위 글자도 드디어 모습을 드러냈다. '전우(戰友)'! 이제 두 장의 사진이 품고 있는 모든 정보를 수집했다.

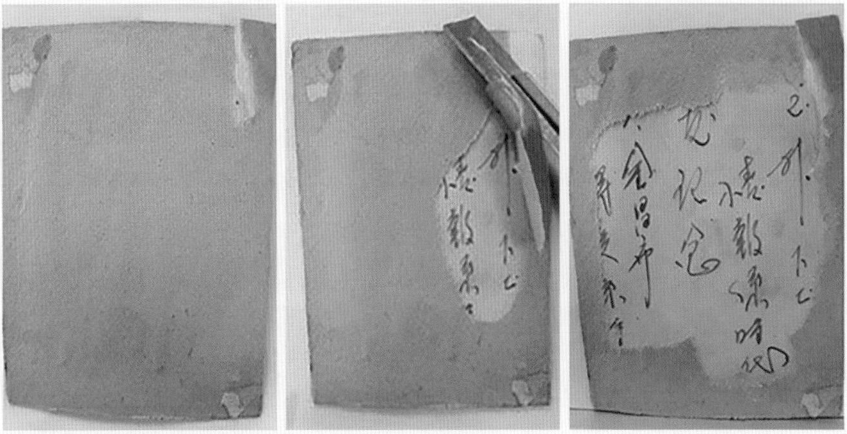

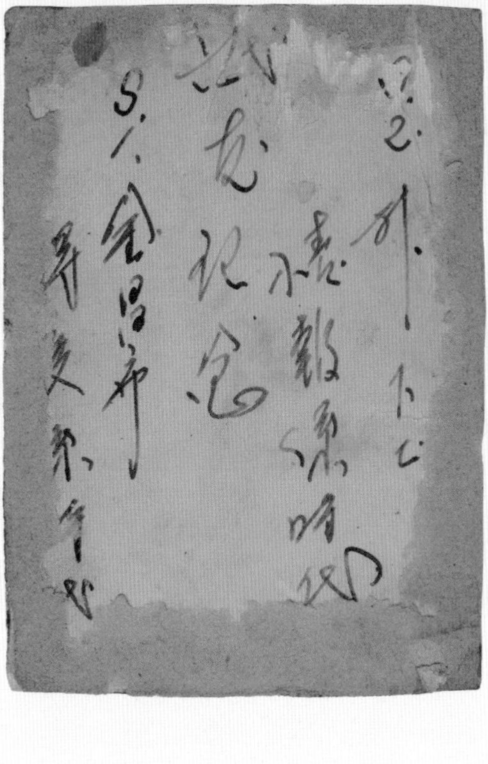

〈사진2〉의 뒷면 발굴 과정

종이를 조금씩 떼어낼 때마다 사진 속 인물들에 대한 정보가 점차 드러났다.

그렇다면 두 장의 사진 뒷면에 정보를 써놓은 인물은 누구일까? 글씨체가 같은 것으로 보아 한 사람이 적은 것인데, 사진을 소장하고 있던 인물일 것이다. 나는 독사진인 〈사진1〉의 주인공일 것이라 생각한다. 왜냐하면 〈사진1〉의 주인공 이름만 빠져 있기 때문이다. 자신의 독사진에 무슨 까닭으로 자기 이름을 적겠는가. 그래서 〈사진1〉 뒷면에는 단순히 '장교계 시대', 즉 장교계 시절이라는 시간 정보만 적고, 김창시와 박 하사가 찍힌 〈사진2〉에는 '전우기념'과 함께 두 명의 이름을 뒷면에 나란히 써놓은 것이다. 역설적이게도 이 사진을 간직했던 〈사진1〉의 주인공 이름을 우리는 알 수 없게 되었다.

이로써 사진 두 장에 대한 발굴 작업은 끝났다. 이만하면 꽤 괜찮은 성과 아닌가? 그런데 〈사진2〉 뒷면에 누런 종이를 붙인 이유는 무엇일까? 혹시 숨겨야 하는 비밀이 있었던 것은 아닐까? 아니면 단순히 갱지로 된 옛날 사진첩에 풀로 붙여두었다가 나중에 오려낸 탓일까? 궁금하지만 사진 발굴 작업은 이로써 끝이 났고, 그 이상의 사실은 알 수 없다.

인민군 철모, 그리고 트로피 사진

문득 '적의 철모를 쓰고'라는 설명에 의문이 생겼다. 한국전쟁을 배경으로 한 영화나 드라마를 보면 인민군은 항상 천으로 만든 전

미디어 속 인민군의 모습

1975년 7월 어느 영화의 촬영 현장 사진으로 미디어에서 전형적으로 재현되는 인민군은 항상 천으로 된 전투모를 쓰고 있다. 반면 뒤로 보이는 국군은 모두 철모를 썼다. (박건호 소장)

투모를 쓰고 있기 때문이다. 그래서 인민군의 철모는 생소할 수밖에 없다. 당시 인민군도 국군처럼 철모를 썼던 것일까? 결론부터 말하면 인민군 역시 철모를 썼다. 인민군이 착용한 철모는 주로 소련제 M40이었다. 실제로 한국전쟁 초기의 사진을 보면 철모 쓴 인민군의 모습을 어렵지 않게 확인할 수 있다. 그러나 제공권을 쥐고 있던 미 공군의 폭격이 거세지면서 북한 지역의 군수 공장들이 대부분 파괴되었고, 이로 인해 철모 공급이 어려워지면서 대부분의 인민군은 이후 철모 없이 천으로 된 전투모를 쓰고 싸우게 되었다.

보급 순위에서 철모는 무기나 탄약에 밀릴 수밖에 없었다. 〈사진1〉과 〈사진2〉 속 '적의 철모'는 전쟁 초기에 남하해 고창 지역에서 활동하던 인민군의 철모였을 것이다.

흥미로운 것은 전쟁 초기에는 국군의 철모 보급률이 오히려 인민군보다 훨씬 낮았다는 사실이다. 미국이 국군을 본격적으로 지원하게 되면서 철모가 점차 보편화되었다. 그러므로 한국전쟁을 다룬 영화나 드라마 속 '철모를 쓴 국군'과 '전투모를 쓴 인민군'은 이런 전쟁의 변화상을 제대로 고증한 것이라 볼 수 없다. 미디어가 만들어낸 고정된 이미지에 불과하다.

또 하나 궁금해지는 점이 있다. 사진 속의 군인들은 왜 하필 '적군의 철모'를 쓰고 사진을 찍었을까? 아마도 철모의 원래 주인인 인민군들은 전사하거나 포로로 잡혔을 테고, 국군은 철모를 전리품으로 챙겼을 테니 승리를 자축하는 의미였을 것이다. 그래서 철모의 원래 주인인 인민군들은 각자의 이름을 가진 고유한 인간이 아닌 '적군'으로 뭉뚱그려져 사진에 남았다. 누가 승자이고 누가 패자인지를 명확하게 보여주는 사진이라 할 만하다.

이처럼 전쟁의 승자는 패자로부터 빼앗은 전리품으로 자신의 승리와 위용을 과시하곤 하는데, 이를 '트로피(trophy)'라고 한다. 각종 대회에서 입상한 개인이나 단체에 수여하는 컵, 기(旗), 방패, 상(賞) 등의 기념품을 가리키는 트로피의 기원은 고대 그리스로 거슬러 올라간다. '참패'라는 뜻의 그리스어 'trope'에서 파생된 'trophy'는 전쟁에서 승리해 획득한 포로부터 각종 군사 물품, 즉

전쟁 트로피를 들고 환호하는 군인들의 모습
위는 영화 〈조조 래빗(Jojo Rabbit)〉(2020)의 한 장면으로 나치 독일의 상징 하켄크로이츠(Hakenkreuz)를 들고 환호하는 연합군의 모습, 아래는 한국전쟁 중 평양을 점령한 영국군이 김일성과 스탈린의 초상화를 배경으로 찍은 사진이다.

전리품이나 노획물을 가리키는 말로 쓰였다. 지금도 영어 'trophy'에는 '전리품', '노획물'이란 뜻이 있다. 승리를 거둔 곳에 그런 전리품이나 노획물 등으로 세운 승전 기념비도 'trophy'라고 했다. 그러므로 고창을 점령하고 적의 철모를 쓰고 찍은 사진 역시 전형적인 전쟁 트로피 사진으로 볼 수 있다. 인민군 철모는 국군의 승리와 위용을 과시하는 하나의 훌륭한 기념품이 될 수 있었던 것이다.

증오는 더 큰 증오를 낳는다

그런데 문제는 전쟁이 남긴 수많은 트로피 관련 기록과 사진들을 보노라면 인간이 과연 어떤 존재인가에 대해 근본적으로 회의(懷疑)하게 될 정도로 끔찍한 것들이 많다는 점이다. 마음 약한 독자는 다음 문단부터 이 소절 마지막까지의 내용을 건너뛰기를 권한다.

서두에서 언급한 〈씬 레드 라인〉은 반전(反戰) 영화로 제2차 세계대전이 한창이던 1942~1943년경, 태평양의 과달카날(Guadalcanal) 섬에서 벌어진 미군과 일본군 간의 참혹했던 전투를 배경으로 하고 있다. 영화 후반부에는 전투에서 승리한 미 해병이 승리를 기념하며 펜치로 일본군의 금니를 뽑는 장면이 나온다. 해병의 주머니 속에는 이미 10여 개의 금니가 들어 있다. 그에게는 일본군의 금니가 전쟁 트로피였던 것이다. 그런데 이 장면은 단순히 영화적 상상으로 만들어진 것이 아니다. 실제로 제2차 세계대전 당시 미군이 살아있는 일본군 포로를 묶어놓고 금니를 뽑거나, 입을 찢거나, 귀나 코를 자르는 등 신체를 훼손하여 전쟁 트로피로 챙기는 일이 비일비재했다. 그중 금니 뽑기가 전리품을 얻기 위한 가장 일반화된 행위였다. 비교적 거부감도 적고 약간의 금전적 이득도 챙길 수 있었기 때문이다.

미군의 전리품 중 가장 끔찍한 것은 이른바 '두개골 트로피(trophy skull)'였다. 일부는 이미 백골화된 유골에서 골라낸 것이었지만, 유해를 인위적으로 훼손·절단하여 취득한 경우도 적지 않았다. 시체의 머리 부분을 삶아서 살점을 발라낸 뒤 유골만 떼 가기도 했다. 1944년 미국 로드아일랜드의 기자 윈필드 타운리 스콧(Winfield Townley Scott)이 신문사 사무실에 두개골 트로피를 전시한 한 수병에게서 들은 이야기에서 미군의 끔찍한 행위가 극명하게 드러난다. 그에 따르면, 일단 피부가 벗겨진 머리를 구한 뒤 이를 그물에 넣어 함정 뒤에 매달아 바닷물로 씻어낸다. 그 다음 광을 내고 마지막으로 수산화나트륨을 사용해 문질러 씻는다는 내용이었다.

사실 이런 끔찍한 행위는 아시아·태평양전쟁 초반에 이미 잡지와 신문에서 특집기사로 다뤄지면서 사회문제로 대두되었다. 그래서 1942년 9월 태평양 함대 총사령관은 "적군의 시체 중 어느 부위도 기념품으로 사용해서는 안 되며, 이 규정을 어기는 미군 병사는 단호한 징계를 받을 것"이라고 공표했었다. 그럼에도 불구하고 적군의 사체를 훼손하는 행위는 태평양 전역에서 계속되었다.

이러한 끔찍한 행위는 미국 사회의 오랜 인종주의와 미국을 전쟁의 소용돌이 속으로 몰고 간 일본군에 대한 증오가 상승효과를 일으킨 결과였다. 그렇다고 미군만 유독 잔악했을 리는 없다. 일본군의 잔학 행위 역시 미군의 증오와 잔인성을 재생산하는 한 원인이 되었다. 영화로도 제작된《아버지의 깃발(Flags of Our Fathers)》(2000)이라는 소설에는 일본군이 포로가 된 미 해병을 죽이고 팔뚝에 있는 해병대 문신을 훼손한 후 성기를 잘라 입에 쑤셔 넣는 장면이 나온다. 분노는 더 큰 분노를 낳고, 증오는 더 큰 증오를 낳는 법이다. 미군의 행위는 일본군의 만행에 대한 보복의 성격도 띠고 있었다. 이렇게 전쟁은 인간의 잔혹성을 가장 극명하게 드러내는 시공간이었다. 우리가 살핀 사진 속에 등장하는 전쟁 트로피가 '적의 철모' 정도라는 것이 그나마 다행이라면 다행이다.

견벽청야 작전과 '골로 간' 사람들

나는 원래 전쟁 트로피까지 살핀 후 사진 탐구를 마무리하려 했다. 그런데 문득 한국전쟁 당시 고창의 역사가 궁금해졌다. 고창에서는 당시 어떤 일이 벌어졌는지, 인민군이 고창을 점령한 기간은 언제부터 언제까지였는지, 국군이 고창을 언제 수복했는지, 어떤 부대가 주둔했는지 등등……. 그래서 '한국전쟁'과 '고창', '11사단' 같은 키워드로 인터넷 검색을 시작했다. 그런데 뜻밖에 '고창 양민 학살사건'이라는 제목의 글이 여럿 뜨는 게 아닌가? 처음에는 널리 알려진 '거창 양민 학살사건'을 잘못 본 게 아닌가 싶었지만 실제로 고창 양민 학살사건이 따로 있었다. 연관된 검색어 중에는 '함평 양민 학살사건'도 있었다. 놀라운 것은 이 세 건의 양민 학살

사건이 모두 화랑부대, 즉 육군 제11사단과 관련되어 있다는 점이었다. 〈사진1〉과 〈사진2〉의 세 군인이 육군 제11사단 소속이었다는 사실을 기억할 것이다. 왜 육군 제11사단은 양민 학살의 오명을 남기게 된 것일까? 글의 마지막 주제이다.

육군 제11사단은 인천상륙작전 후 후방 지역의 인민군 토벌을 위해 1950년 8월 말 창설된 부대로, 예하에 제9연대, 제13연대, 제20연대가 있다. 각 연대는 작전 지역을 나누어 제9연대는 지리산, 제13연대는 전라북도, 제20연대는 전라남도를 관할했다. 사진 속 군인들이 점령한 고창은 전라북도에 속하니, 〈사진1〉 뒷면의 '제11사단 제13연대'라는 내용과 정확히 일치한다. 제13연대는 창설 직후 1950년 10월 18일에 연대 본부를 전북 남원으로 이동하고, 10월 24일에는 연대 전방지휘소, 11월 6일에는 후방지휘소까지 전주로 이동하여 전라북도 전역의 토벌 작전을 전담했다. 주로 임실, 남원, 전주, 고창, 정읍, 무주 등에서 활동하던 제13연대는 11월 20일 마지막으로 고창을 수복했다. 〈사진1〉과 〈사진2〉를 찍은 시점이 고창 점령 이틀 뒤인 11월 22일이었음은 이미 확인한 바 있다. 군인들은 오랜 기간의 작전이 고창 점령으로 일단락되자, 이를 기념하여 그러한 사진을 찍었을 것이다. 물론 잔여 세력의 저항은 이후에도 상당 기간 이어졌지만 말이다.

육군 제11사단의 인민군 토벌 작전은 철저한 초토화 작전이었다. 이는 1950년 9월 25일 초대 사단장으로 취임한 최덕신(崔德新) 장군이 창설 초기 수복 작전으로 별다른 성과를 내지 못하자, 후에 새롭게 제시한 '견벽청야(堅壁淸野) 작전'에 따른 것이었다. 그 내용은 군이 꼭 지켜야 할 전략 거점을 점령한 후 군 보급로를 확보하는 데 역점을 두고, 인민군이나 빨치산이 주민들로부터 식량을 확보하거나 인력과 물건을 이용하지 못하도록 산간벽촌의 물자를 옮기고 가옥을 파괴하는 것이었다. 최덕신은 남한에 고립되어 빨치산화(化)한 인민군과 구 빨치산 세력이 산악지대의 유리한 고지를 점령함으로써 아군은 지리적·수적으로 불리한 위치에 있다고 판단했고, 이를 바탕으로 견벽청야 작전이 가장 적합하다고 주장했다. 그러나 사병은 물론 중간급 지휘관 들에게 이러한 작전은 생소했다. 최덕신은 사단 참모회의 때 한지에 '견벽청야(堅壁淸野)'라고 써놓고 이 개념이 낯선 참모들과 각 제대 지휘관들을 상대로 긴 시간을 할애해 직접 교육했다.

오늘날 이 견벽청야 작전은 수많은 양민 학살의 원인을 제공했다고 평가받는다. 최덕신은 "일반 주민은 공산당 전술에 의해 이용되는 존재이며, 공산당 제거를 위해서는 희생될 수밖에 없는 존재로 인식"했다. 이 작전에 따라 군경은 총을 쏘면서 마을에 들어와 불을 지르는가 하면 가가호호 수색하면서 주민들을 한 장소에 집결시켜 무차별 사살했고, 빨치산에 협조했을 것으로 의심되는 주민을 임의적으로 선별하여 총살했다. "100명의 공비에 대해서 사살했다고 할 것 같으면 그중에 상당한 부분이 양민일 것을 각오해야 한다"라는 최덕신의 발언에서 보듯이 그가 제시한 작전은 민간인들의 피해를 필연적으로 유발할 수밖에 없었다. 최덕신 자신도

제11사단장 최덕신 장군

5·16 군사쿠데타 직후 외무부 장관과 서독 대사를 지냈으나 박정희 대통령과의 갈등 끝에 미국으로 이민한 후 1986년 북한에 망명했다. 1989년 북한에서 사망한 후 혁명열사릉에 묻혔다. 한국전쟁 중 후방 지역의 인민군 토벌과 거창 양민 학살사건의 상징인 최덕신이 북한 혁명열사릉에 묻힌 것은 역사의 아이러니가 아닐 수 없다.(출처: Life 사진)

문제점을 인지하고 있었다. 실제로 견벽청야 작전 중 수많은 민간인이 골짜기로 끌려가 총소리와 함께 죽어갔다. 우리말 '골로 갔다'라는 표현은 여기서 생겨났다. 인민군과 국군이 자행한 학살이 대부분 골짜기에서 행해졌기 때문이다.

그나마 다행스러운 일은 이번 글의 주인공들이 소속된 제13연대가 지금까지 알려진 학살사건들과는 직접적 관련이 없다는 점

고창 양민 학살 사건의 현장에 세워진 위령탑

1950년 12월 22일 육군 제11사단 20연대 2대대 6중대는 견벽청야 작전에 따라 해리면 동호리 선창가 주변과 심원면 고전리, 만돌리 해안가 등지에서 피란민 200~330여 명에게 무차별 총격을 가했다. 1951년 1월 5일에는 토끼몰이식으로 붙잡은 피란민 150~200여 명을 새끼줄로 묶은 뒤 순환식 경기관총으로 집단 총살한 데 이어, 다음 날에도 상하면 하장리 오룡마을을 샅샅이 수색해 숨어 있던 마을 주민 12~16명을 상하국민학교 주변 공터에서 집단 사살했다. 또한 8중대는 1951년 3월 13일 상하면 용대리 택동 마을 부근에서 인민군과 교전 중 척후병 1명이 희생되자 인민군 색출을 구실로 주민 50여 명을 총살하고, 상하면 자룡리 고리포 바닷가의 비둘기굴에 숨어 있던 피란민 60여 명을 4열 횡대로 세워 놓고 총격을 가했다. 고창은 인민군 잔여 세력의 활동이 활발했던 관계로 희생자가 어느 지역보다 많았다. 우리 군경에 의해 5개 면에서만 977명의 양민이 학살됐다는 공식적인 조사와는 달리, 1,000여 명에 이르는 희생자가 추가로 발생했다는 증언이 쏟아졌다. 이처럼 견벽청야 작전으로 수많은 양민이 무고하게 골짜기로 끌려가 희생되었다. 이후 제11사단의 학살 사실이 밝혀지면서 인민군 토벌은 다른 사단이 맡게 되고, 제11사단은 전방으로 이동하게 된다.

이다. 만약 대표적인 세 건의 양민 학살사건과 직접 관련되어 있었다면 이 글은 중간에서 멈춰야만 했을 것이고, 읽는 독자들도 이들을 다른 시선으로 바라보았을 것이다. 전쟁 중 군인으로 참전하여 묵묵히 자신의 소임을 다한 다수의 평범한 군인들이 제11사단에서 복무했다는 이유만으로 '양민 학살자'의 이미지를 덮어쓰지 않을까 걱정이 앞선다.

지금까지 들여다본 두 장의 사진은 한국전쟁 중 전공을 세운 국군의 이야기뿐만 아니라 전쟁 트로피, 그리고 견벽청야 작전까지 아울러 증언해주고 있다. 한국전쟁 때 억울한 넋이 되어 구천을 떠도는 원혼들이 얼마나 많을 것인가. 그가 누구였든 동족상잔의 전쟁 중 희생된 모든 이들의 명복을 빈다. '진실화해를위한과거사정리위원회'가 국가에 권고한 사항을 인용하면서 글을 맺는다.

> 국가는 한국전쟁 당시 반란군 토벌이라는 임무를 수행하는 과정에서, 국민의 생명과 재산을 보호해야 하는 군인이 다수의 비무장 민간인들을 불법적으로 살해한 것에 대해 희생자 유족들에게 사과하는 것이 필요하다. …… 군은 과거 군인들이 토벌 작전 과정에서 빨치산에게 협력한 것으로 의심되는 민간인들을 법적인 절차 없이 현장에서 학살한 것에 대해 모든 피해 유족들에게 포괄적으로 사과할 필요가 있다. 또 희생자의 유족들이 매년 봉행하는 위령제에 참석하여 공개 사과하고 이들을 위로하여야 한다.
>
> –《호남지역 군 작전 중 발생한 민간인 희생 사건》(2009)의 '제7장 권고사항'

#10 '넘지 않을 수 없는 운명의 해발 구천 미터'

1960년대 지독한 가난이 남긴 흔적

성대국민학교의 결식아동 조사서

1962년, 25×18.5cm, 박건호 소장.

1962년 3월말 현재
성대국민학교

결식아동조사서

학교명	3월말 현재 재적아동수	3월말 현재 결식아동수	3월말 현재 결식아동수		비고
			1식결	2식결	
성대 국민학교	390명	177명	176명	1명	

뒷장의 글씨가 비쳐 보이고 금방이라도 바스러질 듯 얇디얇은 조사서 한 장. 1960년대 익명의 학생들이 소략한 표 위에 '177명', '176명'이라는 숫자로 남았다. 추상적인 수치로는 온전히 설명될 수 없는 한 개인의 일상과 한 시대의 풍경을 어떻게 복원할 수 있을까? 신문 기사, 포스터, 사진뿐만 아니라 노래 가사와 우리말 속 관용어구에 이르기까지, 퍼즐을 맞추듯 모은 소박한 정보들은 자연스레 거대한 역사 속으로 모여들었다.

세계 최빈국의 아이들

…… 코리아의 보릿고개는 높다.
한없이 높아서 많은 사람이 울며 갔다.
굶으며 넘었다.
얼마나한 사람은 죽어서 못 넘었다.
코리아의 보릿고개
안 넘을 수 없는 운명의 해발 구천 미터 ……

- 황금찬, 〈보릿고개〉

황금찬 시인은 이렇게 보릿고개를 해발 8,848미터 에베레스트보다 더 높은 봉우리라고 했다. '세계 최고봉' 보릿고개를 겪어 보지 못한 이들에게는 단어 자체가 생소하게 들릴 것이다. 춘궁기(春窮期)라고도 부르던 보릿고개는 전해 수확한 쌀이 다 떨어지고 아직 햇보리가 나오기 전인 5~6월 무렵의 식량 공백기를 말한다. 1970년대까지만 해도 수많은 서민들이 이 시기를 넘기지 못하고 굶어 죽었으니, 시인이 보릿고개를 에베레스트에 견준 것은 비극적이긴 하지만 매우 실감 나는 표현이다. 먹고 싶은 음식을 계절과 상관없이 1년 365일 24시간 구할 수 있는 현재로서는 상상하기 어렵지만, 우리에게도 그런 시절이 있었다. 급격한 경제성장을 거치며 한두 세대 만에 지난 과거의 일이 되었을 뿐, 한국인에게 가난과 굶주림은 보편적이고도 익숙한 일상이었다.

이렇게 보릿고개와 가난 이야기로 글을 시작한 것은 2019년 4월 수집한 어느 학교의 오래된 조사서 한 장 때문이다. A4용지보다 조금 작은 크기의 이 문서는 1962년 3월 말 성대국민학교에서 작성된 것으로, 가운데에 큼지막하게 '결식아동 조사서'라고 쓰여 있다. 충청남도 금산군 추부면에 소재한 성대국민학교는 당시 전교생 수가 390명으로 현재 성대초등학교 학생 수의 열 배에 달했다. 이촌향도 현상이 본격화하기 전이라 농촌인구가 꽤 많았음을 알 수 있다.

'결식아동 조사서', 말 그대로 아이들이 끼니를 거르는 것도, 그 현황을 파악하는 것도 예삿일이었던 1960년대 초만 하더라도 한국은 세계 최빈국이었다. 일제강점기를 겪은 데다가 해방의 기쁨을 누리기도 잠시, 얼마 되지 않아 발발한 전쟁으로 한국은 심각한 인적·물적 피해를 입었다. 이런 나라의 국민이 먹고살 만했다면 그게 더 이상한 일이 아니겠는가? 한국은행 통계자료에 따르면,

대한민국의 1인당 국민소득은 1960년 79달러, 1961년 82달러, 1962년 87달러, 1963년 100달러였다. 1960년대 초반 대한민국의 1인당 국민소득은 당시 방글라데시, 토고, 우간다, 인도 등과 비슷한 수준이었다.

1962년 1학기 초인 3월 말 작성된 이 결식아동 조사서에는 당시의 궁핍한 생활상이 고스란히 반영되어 있다. 성대국민학교 학생 390명 중 하루에 두 끼를 먹을 수 있는 학생이 176명, 한 끼만 먹고 사는 학생이 1명으로, 전교생의 45%가 넘는 177명이 삼시 세끼를 제대로 챙기지 못했다는 이야기다. 한창 잘 먹어야 할 성장기의 아이들이 이 정도였으니 어른들의 처지도 크게 다르지 않았을 것이다.

그전에는 상황이 더욱 열악했다. 1957년 6월 6일자 《경향신문》은 "8, 9할이 절량(絶糧) 상태에 빠진 농가의 어린이들은 대체로 도시락 갖고 학교 나가는 아동이 없을 정도다"라고 전했다. 학생 대다수가 결식아동이었다는 소리다. 거기에 비하면 성대국민학교는 조사 시기가 3월로 본격적인 춘궁기가 도래하지 않아서인지, 혹은 실제로 5년 사이에 경제 사정이 조금은 나아져서인지 결식아동 비율이 상대적으로 낮아진 상황이다.

조사 자료보다 10개월 뒤에 작성된 한 신문 기사를 보면 당시 성대국민학교가 있던 충청남도의 전반적인 상황을 이해하는 데 도움이 될 것이다. 《경향신문》 1963년 1월 30일자 '결식아동 10만여 명이나'라는 제목의 기사이다.

숨가쁜 보리고개

畿湖의 絶糧地帶를 찾아 (下)

(淸州에서 本社金政壽特派員發)

雜賦金

'숨 가쁜 보리고개'

《경향신문》은 영호남과 충청 지방 농가의 절량 상황을 조명하는 특집 기사를 1957년 6월 4일부터 6일까지 사흘에 걸쳐 게재했다.

> 충남의 480여 개 국민학교의 32만여 명의 아동 중 지난해 12월 말일 현재 점심을 먹지 못하는 결식아동 수가 총수의 3할이 넘는 10만 948명에 달하고 있어 …… 지역별로 본 결식아동 상황은 대전의 대흥국민학교의 경우 4,775명의 전 아동 중 1,350명이나 점심을 못 먹고 있으며 심한 경우는 연기군 연봉국민학교 같은 경우 579명의 전교생 중 6할 이상인 370명이 점심을 못 먹고 있다. …… 이 결식아동의 대부분은 집안이 빈곤하여 점심을 가져오지 못하는 아동이므로 …….

사정이 그나마 나은 대흥국민학교는 약 28%, 가장 열악한 연봉국민학교는 약 64%의 학생이 결식아동이었다. 그러니 절반의 학생이 결식아동이라는 성대국민학교 통계는 당시 보편적인 가난의 풍경에서 크게 벗어나는 결과는 아니었던 것이다. 비슷한 시기의 경상도 역시 초등학교 결식아동 통계에 따르면 대략 3분의 1에 해당하는 학생이 제대로 끼니를 챙기지 못했는데, 이로 미루어 보아 다른 지역 사정도 별반 다르지 않았을 것이다.

그런데 당시에는 학교에서 결식아동이나 가정환경을 조사할 때 학생 개인의 인권을 존중하는 분위기가 아니었다. 반마다 교실에서 교사가 학생들에게 해당 항목에 손을 들게 했고, 그 자리에서 손든 학생 수를 세어 용지에 기재했다. 학생의 개인정보와 사생활을 타인에게 공개하는 일을 심각한 권리침해로 여기는 요즘에는 상상할 수 없는 일이지만, 인권 의식이 낮았던 그 시절에는 이런 방식의 조사가 큰 문제로 여겨지지 않았다.

작은 가슴에 어찌 상처받지 않았을까마는, 경제 수준이 그때와는 비교조차 할 수 없을 만큼 높은데도 심한 빈부격차로 상대적 박탈감에 시달리는 요즘 같지는 않았다. 너 나 할 것 없이 가난한 시절이었기 때문이다. 먹을 게 없어 물로 배를 채우든 손가락을 빨든, 아이들은 허기진 배를 움켜잡고 운동장에서 뛰어놀며 우정을 나누고 꿈을 키웠다. 가난하다고 꿈마저 초라하진 않았다. 가난은 그렇게 그들의 '친구'이자 자연스런 일상이었으며 좀 불편한 것일 뿐 부끄러운 것은 아니었다.

결식아동을 조사하던 1960년대의 교실 풍경을 그려보자. 이 '결식아동 조사서' 종이 뒷면에는 '교직원 일일 생활(教職員一日生活)'이란 제목으로 교사들이 하루 동안 해야 할 업무 내용이 깨알같이 적혀 있다. 물자가 귀한 시절이라 종이 한 장도 허투루 버릴 수 없었기에 이렇게 이면지를 활용했을 것이다. '교직원 일일 생활'의 4번 '학습지도' 항목에는 '1교시 종료 후 출결 기입'과 함께 '급식자 수 기입'이 있다. 1960년대 국민학교에서는 도시락을 싸 오지 못하는 학생들에게 따로 급식을 제공했다.

7번 '주식(晝食)', 즉 '점심' 시간에 할 일로 '식사 예절 지도'와 함께 '급식과 혼식 상황 파악·검사'라고 적혀 있다. 당시 정부는 쌀 부족 문제에 대처하기 위해 전 국민에게 혼식(混食, 쌀에 잡곡을 섞어 먹음)과 분식(粉食, 밀가루 따위로 만든 음식)을 권장했다. 1961년 5·16 군사쿠데타 당시 박정희는 '혁명 공약'을 발표하며 '절망과 기아선상에서 허덕이는 민생고를 시급히 해결'하겠다고 선언했다. 민생고 해결과 경제개발은 군사쿠데타를 정당화해줄 핵심 사안이었으므로 군사 정부는 여기에 총력을 기울였다.

1963년 정부는 기존에 제정된 '양곡관리법'에 더해 '탁주 제조자에 대한 원료 미곡의 사용 금지 조처'를 내려 아예 쌀막걸리 제조까지 금지해버렸다. 이어 1960년대 후반에는 혼분식 장려 운동의 일환으로 매주 수요일과 토요일을 '분식의 날', 일명 무미일(無米

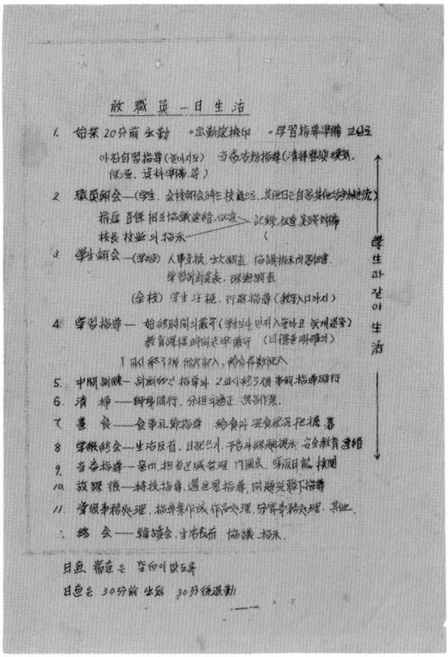
教職員 一日生活

1. 始業 20分前 出勤
2. 職員朝会
3. 學生朝会
4. 學習指導
5. 中間
6. 清掃
7. 晝食
8. 學級終会
9. 當番指導
10. 放課後
11. 學級事務處理
終会

學生과 같이 生活

'교직원 일일 생활'

성대초등학교 '결식아동 조사서'의 뒷면이다. 당시 학교는 교육뿐만 아니라 학생들의 먹는 문제도 함께 해결해야 했다. 절대 빈곤 시대의 학교 풍경이다. (박건호 소장)

日)로 정했다. 이날은 모든 음식점에서 판매하는 음식에 보리나 밀가루를 25% 이상 혼합해야 했고, 매주 수요일과 토요일 오전 11시부터 오후 5시 사이에는 쌀로 만든 음식을 아예 팔지 못했다.

상황이 이런지라 학교에서도 도시락 검사 시간에 쌀밥을 싸 온 아이들은 선생님에게 혼이 났고, 1960년대 중반부터는 교실마다 〈혼분식의 노래〉가 울려 퍼졌다. 1970년대에 국민학교를 다닌 나도 이 노래를 배웠고 지금도 가사를 기억하는 걸 보면 그 이후로도 상당 기간 보급된 것으로 보인다. 지금은 건강식 대접을 받고

1960~1970년대 학교 교실에 게시되었던 혼식 장려 포스터

(박건호 소장)

옥수숫가루로 만든 빵과 우유죽을 배급받는 국민학생들

(출처: 국가기록원)

있는 보리밥이 그 시대 사람들에게는 그리 좋은 기억만은 아닐 것이다. 노래 가사는 이러했다.

꼬꼬댁 꼬꼬 먼동이 튼다 / 복남이네 집에서 아침을 먹네
옹기종기 모여 앉아 꽁당 보리밥 / 꿀보다도 더 맛 좋은 꽁당 보리밥
보리밥 먹는 사람 신체 건강해

그렇다면 그 수많은 결식아동은 주린 배를 어떻게 달랬을까? 당시 신문 기사에서 급식과 관련된 이야기를 쉽게 찾아볼 수 있는데, 결식아동들은 점심시간마다 미국의 국제원조구호기구(케어, CARE)에서 제공하는 옥수숫가루로 만든 빵과 우유죽을 배급받았다. 당시 신문을 보면, 급식으로 제공된 우유를 아껴 먹느라고 숟가락으로 떠먹는 학생들도 있다. 하지만 이마저도 상태가 불량한 경우가 왕왕 있었는데 1964년 3월 24일자 《동아일보》에는 변질된 빵이 급식으로 제공된 사례가 소개됐다.

급식 아동에 줄 빵 속에 돌처럼 굳어버린 빵 쪽

서울 시내 국민학교 급식 대상 아동들에게 나누어주는 (빵) 속에 돌덩이처럼 딱딱하게 굳어버린 빵이 섞여 있어 말썽을 일으켜, 서울시 김원규 교육감이 24일 상오(上午, 오전) 직접 학교와 빵 공장에 나가 진상 조사에 착수했다. …… 현재 서울 시내 137개 국민학교에서는 8만

1천여 명의 급식 대상 아동들에게 날마다 124그램짜리 옥분(옥수숫가루) 빵 한 개씩을 나누어주고 있는데 …….

당시 생활 수준을 보여주는 또 하나의 수집 자료가 있다. '각종 통계 조사표'라는 제목의 1960년대 문서로 학생 수와 함께 기입된 부락명을 통해 경기도 안성의 죽산면에 있었던 한 학교의 자료로 추정된다. 이 통계자료의 마지막 항목 '가정별 문화 시설 현황'이 흥미로운데, 그 내용은 다음과 같다. '시계 17명, 책상 25명, 신문(구독) 3명, 라디오 3명, 재봉기 8명, 목욕탕 0명, 전화 0명, 축음기 0명'. 시계나 라디오를 문화 시설로 분류한 것도 흥미롭지만, 텔레비전은 아예 조사 항목에 포함되지 않았다. 텔레비전은 1970년대 중반 이후 필수 혼수품이 되어 보편화되면서 비로소 가정환경 조사 항목에 포함되기 시작했다. 물론 이 조사표가 당시의 생활상을 모두 설명해준다고 볼 수는 없겠지만, 그 시절 궁핍한 생활의 한 단면을 보여주는 자료로는 손색이 없다.

우리말 속 가난과 궁핍의 흔적을 찾아서

많은 말이 특정한 상황에서 비롯되어 만들어지고 쓰이지만, 시간이 지남에 따라 처음의 역사적 맥락은 점차 탈각되고 결국 유래와 무관한 관용구로 굳어지곤 한다. 혹독한 가난의 역사를 헤쳐온 만

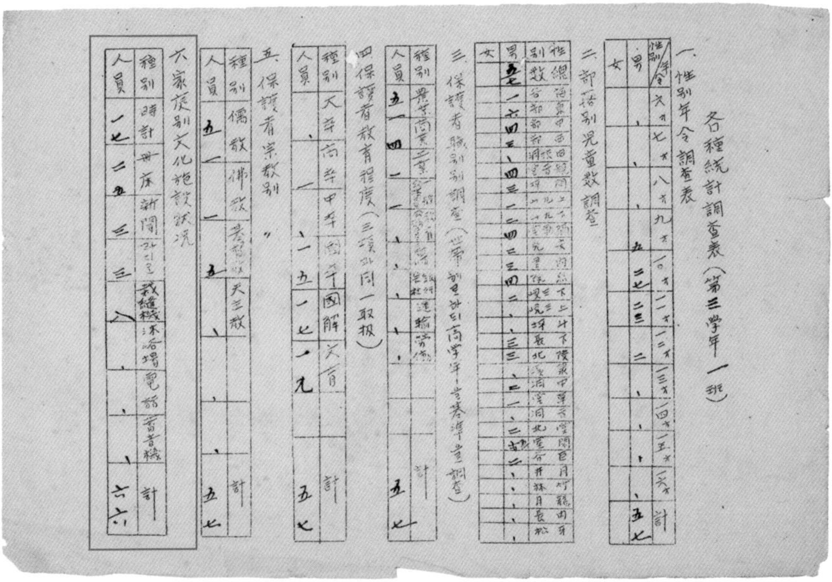

1960년대 경기도 안성의 한 국민학교에서 작성된 '각종 통계 조사표'

3학년 1반에는 학생이 총 57명 있었는데, 같은 학년임에도 9세부터 12세까지 다양한 연령 분포를 보인다. 붉은 테두리로 표시한 제일 왼쪽 부분이 가정별 문화 시설을 조사한 항목이다. (박건호 소장)

큼 우리말에는 유난히 가난에서 파생된 표현이 많다. 가난과 굶주림은 우리의 일상뿐만 아니라 말에도 깊은 생채기를 낸 것이다. 그러나 사람들의 생활이 점차 풍요로워지면서 말 속에 담긴 본래 의미는 희석되고 잊히거나, 전혀 다른 의미로 대체되기도 한다. 그것이 말의 필연적인 운명이라고 하더라도 유래 정도는 알고 쓰는 것이 좋지 않을까? 일상에서 자주 사용되는 몇 가지 사례를 살펴보자.

첫 번째, "식사하셨습니까?", 존댓말로는 "진지 잡수셨습니까?"라는 인사말은 따져보면 참으로 슬픈 말이다. 우리에게는 식사 여부를 묻는 것이 인사법인 시절이 있었다. 한국인들이 꿈꾸는 행복을 가장 잘 압축한 표현으로 '등 따습고 배부르다'라는 말이 있다. 추위를 피할 그럴듯한 집을 마련한다는 뜻의 '등 따스운' 상태와 '배불리' 먹을 수 있는 풍요는 이전 세대의 사람들에겐 참으로 요원한 꿈이었다. 상당히 오랜 기간 물로 배를 채우고 초근목피(草根木皮, 풀뿌리와 나무껍질)로 허기를 달랬던 한국인들에게, 그날그날 끼니로 안부를 묻던 것이 하나의 인사말로 자리 잡은 것이다. 모두가 가난했던 시절을 겪지 못한 지금의 젊은 세대가 "식사했습니까?"라는 인사말 속의 절박한 사정을 피부로 느끼지 못하는 것은 당연한 일일지도 모른다.

두 번째, 가난을 표현할 때 사람들은 흔히 "찢어지게 가난하다"라고 말한다. 그런데 사실 이 문장에는 생략된 단어가 있다. 바로 '똥구멍'이다. 별로 점잖지 못한 단어를 빼버리다 보니 많은 사람이 원래의 의미를 알지 못한 채 관용구처럼 써온 것이다. 이 말에는 어떤 가난의 흔적이 담겨 있을까?

앞서 초근목피라는 단어에 보이듯 불과 몇십 년 전만 해도 기근이 들면 사람들은 먹을 것이 없어 풀뿌리는 물론이고 나무껍질도 벗겨 먹었다. 그중 송기(松肌)라고도 부르는 소나무 속껍질이 대표적이었는데, 이 송기에는 탄닌(tannin, 떫은맛을 내는 폴리페놀의 일종) 성분이 많아서 먹고 나면 변비가 생기기 마련이었다. 그러다 보니 어렵게 변을 보다가 항문이 찢어지는 일이 많았고, 여기에서 바로 "똥구멍 찢어지게 가난"하다는 말이 생겨난 것이다.

실제로 춘궁기에 한국인들은 먹을 것이 없어 초근목피로 연명했다. 1963년 5월 17일자 《경향신문》에는 '보릿고개의 참변'이란 제목의 기사가 실렸다.

> 아침에 쑥 범벅 먹은 자매 중독사
>
> 쑥 범벅을 먹은 일가족 5명 중 4명이 중독, 이 중 2명이 사망한 사건이 충북 중원군 상모면 토계리 2반 김운모(41) 씨 집에서 발생했다. 지난 9일 김 씨의 딸 옥선(12) 양이 뜯어 온 쑥으로 범벅을 만들어 10일 아침 식사 때 가족 5명이 나누어 먹었는데 4명이 앓다가 11일에 금선(4) 양, 13일에는 옥선 양이 각각 죽고 나머지 가족은 소생했다. 상모면 서울의원 윤창룡 씨의 시체 검진 결과 영양실조와 관격(關格, 급체)으로 인한 급성위장염으로 판명됐다.

영양실조 상태에서 쑥 범벅을 먹다 일가족 2명이 죽었다는, 고작 두 세대 전의 이야기다. 한국전쟁 시기에는 쑥 범벅이나 나물로 만든 죽조차 귀한 음식이었다. 현기영의 자전적 소설 《지상에 숟가락 하나》(1999)에도 두세 살짜리 아기들이 배가 고파서 기어 다니며 흙을 집어 먹는 일이 흔했다는 대목이 나온다. 해방 직후부터 한국전쟁 때까지 제주도 사람들의 삶을 다룬 이 책에는 그 시절의 가난 이야기가 너무나 생생하다. 허기증이 심한 임신부가 돼지고

기를 먹고 싶어 안달한 나머지 돼지털을 불에 태워 킁킁 냄새를 맡았다는 이야기, 개자리·질경이·쑥·비름나물·명아주·달개비·지칭개 등등 얼마나 풀을 많이 먹었는지 사람들의 입에서 풀 냄새가 폴폴 났다는 이야기 등 차마 눈물 없이 듣기 힘든 내용으로 가득하다. 우리나라에서 나물 음식이 발달한 이유도 제대로 먹을 만한 것이 없었기 때문이라고 한다면 지나친 비약일까?

세 번째, "둘이 먹다가 하나가 죽어도 모른다"라는 말이다. 지금 이 말은 아주 맛있는 음식을 먹을 때 쓰이곤 한다. 하지만 이 말에도 아픈 역사가 담겨 있다. 조선에 큰 기근이 들었던 때의 일이다. 한 쌍의 부부가 고향을 떠나 유랑민으로 떠돌아다니다가 어느 부자 양반집에서 죽을 쑤어 공짜로 나누어준다는 소식을 듣고 허겁지겁 그 집으로 향했다. 며칠을 굶은 아내는 죽을 보기가 무섭게 삽시간에 한 그릇을 다 비우고 옆에 앉은 남편이 남긴 죽마저 끌어당겨 다 먹었다. 허기를 채우고 나서야 아내는 겨우 정신을 차리고 옆에 있던 남편을 바라보았는데 놀랍게도 남편은 죽어 있었다. 오랫동안 굶은 와중에 급하게 음식을 먹었기 때문인지 혹은 오랜 유랑으로 탈진했기 때문인지 죽도 다 비우지 못한 채 숨을 거두었던 것이다. 아내는 배를 채우느라 정신이 팔렸던 자신을 책망하며 남편의 시신을 끌어안고 목이 터져라 울었고, 주변에서 지켜보던 사람들은 그들을 매우 불쌍히 여겼다.

이렇게 파생된 말도 세월이 지나면서 비참했던 가난의 흔적은 사라지고 '너무 맛있어서' 둘이 먹다가 하나가 죽어도 모른다는 말로 변형되어 쓰이고 있는 것이다. 우리는 이 말 속에 담긴 가난의 역사, 그리고 한 절량민 부부의 굶주림과 죽음, 통곡에 대해서도 연민을 느껴야 하지 않을까?

마지막, "개판이다"라는 말이다. 사전적 정의는 '사리에 어긋나거나 질서가 없는 판국을 속되게 이르는 말'인데, 사람들은 이 말을 들으면 여러 마리의 개가 음식을 차지하려고 다투거나 노느라고 난장판을 벌이는 장면을 떠올린다. 그러나 알고 보면 여기에도 한국전쟁의 아픈 역사가 베어 있다.

피란살이로 밥 한 끼 먹기조차 힘들었던 전쟁 당시, 피란민 수용소에서는 거대한 솥에 밥을 지어 사람들에게 나눠 주었다. 밥을 배급하기 전 외치는 말이 있었는데, 그게 바로 "개판 오 분 전!"이다. 밥이 거의 다 되어 5분 후에 솥뚜껑을 열겠으니 준비하라는 뜻이다. 즉, '개판(開板)'은 '솥뚜껑[板]을 열겠다[開]'라는 소리다. 그런데 굶주린 상태의 피란민들은 이 소리를 들으면 배식을 놓칠세라 급히 달려들었기 때문에 밥솥 주변은 온통 난장판이 되곤 했다. 세월이 흘러 전쟁도 먼 과거지사가 되었고, "오 분 전"이라는 말이 생략되며 자연스럽게 정확한 의미 파악이 어려워진 것이다. 그러니 처음 '개판'이란 말을 듣는 사람이 동물 개를 연상하는 것은 어찌 보면 당연하다.

'개판 오 분 전'과 의미가 매우 유사한 표현이 또 하나 있다. 바로 '엉망진창'이라는 말이다. 조선시대에는 큰 흉년으로 굶주리는 사람이 속출하면 조정에서 전국 방방곡곡에 '진장(賑場)'이라는 구

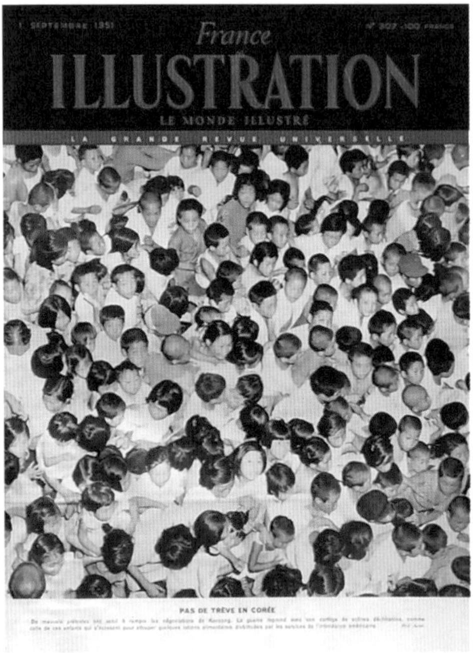

구호품을 받기 위해 모여든 피란민들

한 프랑스 잡지의 표지에 실린 사진으로 한국전쟁 당시 구호품을 받으러 온 피란민들로 북새통을 이룬 모습이다. "개판 오 분 전"과 같은 말도 비슷한 상황에서 만들어졌을 것이다. (박건호 소장)

휼 장소를 마련했다(어떤 이들은 진장이 아니라 진창, 즉 구휼미를 보관해 두는 창고로 설명하기도 한다). 그런데 진장에서 죽을 끓여 나누어 줄 때마다 굶주린 사람들이 떼로 몰려들어 서로 먼저 받겠다고 거세게 밀고 당기며 싸우는 바람에 진장은 늘 엉망이 되곤 했다. 여기서 나온 말이 '엉망진장' 또는 '엉망진창'이라는 말로 '개판 오 분 전'과 유래가 비슷하다. 조선시대와 한국전쟁이라는 역사적 배경만 다를 뿐이다. 우리말 가운데 가난의 아픔이 담긴 말들은 그 의미가 잊힌 채 이렇게 '엉망진창' 혼란스럽게 사용되고 있다.

쌀 하나가 바꾼 민중의 삶

한국 현대사 중에서도 특히 경제사를 가르칠 때, 교과서에서 '경제개발 5개년 계획'이나 '경부고속도로 건설', '한일협정 체결', '베트남전 파병', '새마을운동', '금융실명제' 등은 중요하게 다뤄지지만, 정작 기아 극복과 관련된 매우 중요한 사건 하나는 쉽게 무시되어 왔다. 바로 1960년대 말 '기적의 볍씨'라고 불린 '통일벼'의 개발이다. 통일벼는 단군 이래 한국인에게 숙명과도 같았던 굶주림 문제를 단번에 해결해버렸으니, 생활사의 관점에서 민중에게 이보다 더 크게 피부에 와닿았던 역사적 사건이 있었을까? 통일벼의 개발은 1960년대 경제개발 정책, 한일 국교 정상화, 베트남 전쟁 파병으로 인한 경제 특수 등과 시기적으로 맞물리면서 한국의 경제 수준을 크게 높이는 계기가 되었다.

물론 통일벼 이전에도 주식인 쌀의 자급을 위한 벼 증산 노력이 있었다. 1960년대 초반 중앙정보부가 이집트에서 쌀 생산량 증가에 크게 기여한 '나다(Nahda)'라는 품종의 벼를 몰래 들여왔다. 당시는 농림부가 아니라 중앙정보부가 벼 품종 개량을 총지휘하던 시절이었다. 박정희는 부푼 꿈을 안고 이 품종에 자신의 이름에서 '희' 자를 따서 '희농(熙農)1호'라는 이름까지 붙였지만, 결과는 참담한 실패였다. 한반도의 기후가 이집트와 너무 달랐기 때문이다.

이런 상황에서 새롭게 등장한 품종이 바로 통일벼였다. 1960년대 후반 육종학자 허문회(許文會, 1927~2010) 박사가 오랜 연구 끝에 TN1과 유카라, IR8이라는 품종의 삼원교잡을 통해 다수확 품종인 IR667을 개발했다. 허 박사의 IR667 개발 소식은 박정희 대통령의 귀에까지 들어갔고, 대통령은 곧장 시험 재배를 지시했다. 몇 차례의 시험 재배 끝에 IR667은 한국의 토양과 기후에서 잘 자라는 다수확 벼로 확인되었다. 이뿐만 아니라 당시 다른 품종들보다 20~30% 정도 생산성이 높고 병해충에도 강했다. 이 볍씨는 곧 '통일벼'라는 새 이름을 얻었다.

통일벼는 1972년부터 전국적으로 확대·보급되기 시작했다. 정부는 통일벼를 시장가격보다 높은 가격으로 수매함으로써 신품종 재배에 박차를 가했다. 1976년에 통일벼의 재배 면적이 전체 논 면적의 44%로 확대되면서 평년 생산량보다 21.8% 증가한 521.5만 톤의 쌀을 생산해냈고, 그 결과 우리 역사상 최초로 쌀의 자급자족을 이룰 수 있었다. 이듬해 1977년에는 쌀 600.5만 톤을 생산해 최초로 4,000만 석을 돌파하며, 113%의 자급률을 기록했다. 그해 말 남아도는 쌀 7만 톤을 인도네시아에 빌려줄 정도로 엄청난 생산량이었다. 당시 사람들은 이 일련의 상황을 '녹색혁명'이라고 표현했다. 만성적인 식량 부족에 시달리던 나라가 통일벼가 보급된 지 5년 만에 식량 자급률이 100%를 웃도는 쌀 수출국으로 탈바꿈한 것이다.

그런데 이 통일벼는 밥맛이 별로 좋지 않다는 치명적 단점이 있었다. 통일벼는 일반미에 비해 푸석하고 찰기가 적어 한국인들 입맛에 맞지 않았다. 당시 농촌에서는 "보리밥 맛이 통일쌀보다 낫

통일벼가 그려진 50원 주화

1972년 12월 첫선을 보인 50원짜리 주화의 앞면과 뒷면이다. 1968년 유엔식량농업기구(FAO)가 각국에 식량작물을 소재로 한 주화 제작을 권고함에 따라 제작됐다. 벼 이삭이 28개나 달린 도안을 통해 통일벼가 다수확 품종임을 강조하고 있다. 이 50원 동전은 비록 실생활에서 보기 힘들어졌지만, 통일벼의 화려한 등장을 증언하는 기념비적인 동전으로 남아 있다.

다"라는 말이 나돌 정도였다. 정부도 이미 개발 초부터 이 사실을 알고 있었다. 그러나 대통령은 전 부처 장관을 소집한 자리에서 "미질(米質)보다 먹고사는 게 먼저"라며 통일벼 보급을 강조했다. 연구자들은 통일벼가 지닌 단점을 개선하기 위해 1975년부터 본격적으로 후속 품종 개발을 추진했다. 2년여 동안 수십 번의 시행착오를 거친 끝에 탄생한 새로운 품종은 통일벼와 수확량은 비슷하면서 밥맛이 개선된 '유신벼'였다.

그러나 1978년부터 1980년까지 개량 품종을 비롯한 통일벼는 큰 시련에 봉착했다. 새로 개발한 품종들이 '마디썩음병' 등 각종 병충해에 취약해 농민들의 신뢰를 잃었고, 1980년에는 이상 저

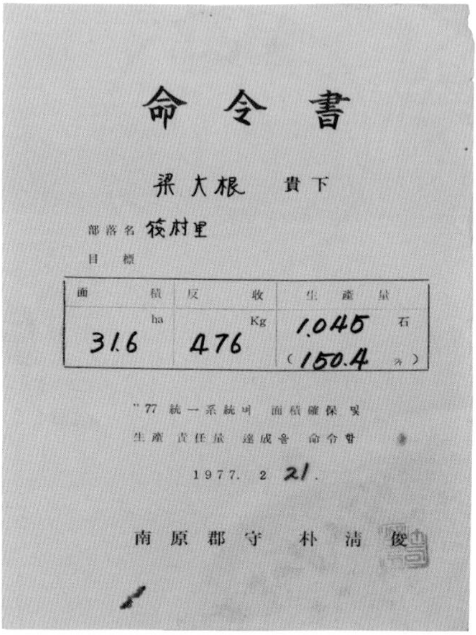

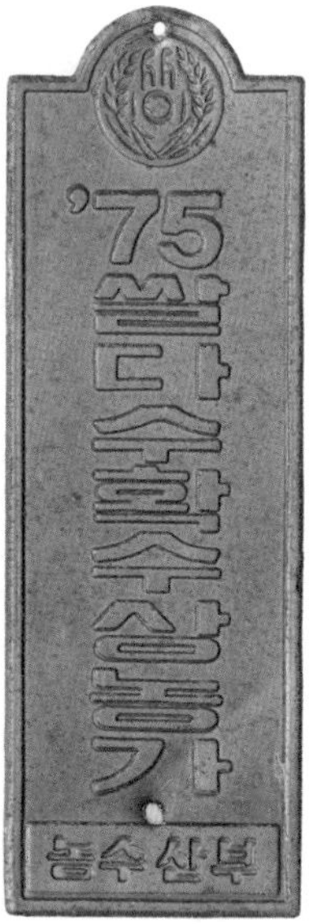

통일벼 재배를 강제하는 명령서와 쌀 다수확 수상 농가 표지판

왼쪽은 1977년 전라남도 남원군수가 농민 양대근에게 통일벼 생산 면적과 책임량을 지정해 주고 그 달성을 명령하는 문서다. 이 명령서는 통일벼 생산에 박차를 가했던 1970년대 상황을 반영하고 있다. 오른쪽은 박정희 정부가 쌀 다수확 농가를 선발하여 대문 앞에 달게 한 표지판이다. 당시는 굶주림의 극복이 거의 국시나 다름 없던 시대였다. (박건호 소장)

온으로 인한 전국적 흉작 속에 더욱 큰 피해를 입었다. 농촌의 민심을 달래려 했던 전두환 신군부는 결국 통일벼를 퇴출시키기로 결정했고, 1992년 노태우 정부는 통일벼 수매를 전면 중단했다. 이로써 1970년대 초부터 약 20년 동안 '녹색혁명'의 주역으로 보릿고개를 단숨에 해결했던 통일벼는 그 소임을 다하고 역사 속으로

사라졌다.

통일벼를 통해 보릿고개를 극복한 지 어느덧 약 반 세기가 지났다. 보릿고개도 통일벼도 이제 지나간 역사가 되었다. 오늘날 대한민국은 오래전 굶주림과 가난의 역사를 보상받기라도 하려는 듯, 텔레비전과 신문에 맛집을 소개하는 프로그램과 기사 들이 넘쳐난다. 옥스퍼드 영어 사전에 'eating show'가 아니라 아예 'mukbang'으로 등재될 만큼 인지도가 높아진 '먹방' 콘텐츠는 한국을 넘어 전 세계로 퍼져 나갔다. 대한민국은 언젠가부터 굶주림이 아니라 영양과잉과 비만을 걱정하는 나라가 되었다.

그러나 우리 역사는 굶주림과 늘 함께했다. '찢어질 듯' 가난해 보릿고개를 넘지 못하고 굶어 죽는 이들이 부지기수였다. '둘이 먹다가 하나가 죽어도 모를' 정도로 생존에 급급한 삶이었다. 그러나 이제 우리는 주변을 둘러볼 여유가 생겼다. 굶주림의 역사를 공부한다는 것은 그저 조상들의 배고픔과 고난의 삶을 살펴보는 것만을 의미하지는 않는다. 더 나아가 현재 우리 주변에 그런 고통 속에서 도움을 호소하는 이들이 없는지 늘 귀 기울여야 한다는 의미이기도 하다. 역사학은 공감과 연민의 학문이다. 공감은 연민의 바탕이고, 그 연민은 부조리한 현실을 개선하려는 실천의 출발점이 된다. 전기 작가로 유명한 슈테판 츠바이크(Stefan Zweig)는 소설 《초조한 마음》(이유정 옮김, 문학과지성사, 2013)에서 나약하고 감상적인 연민과 구분되는 진정한 연민을 이렇게 설명한 바 있다.

녹색혁명을 기념하는 동판

왼쪽은 농촌진흥청에서 1976년에 제작한 것으로 '쌀 혁명의 성공(success of rice revolution)'이라는 뜻의 영문이 크게 박혀 있고, 가운데에는 통일벼와 이를 개량한 유신벼가 새겨져 있다. 오른쪽은 1977년 쌀 4,000만 석 돌파와 1헥타르 당 쌀 생산 세계 최고 기록 달성을 기념하여 제작한 동판이다. (박건호 소장)

'새로운 식량자원을 개척하며 증산하자!'

1956년 국민영양괘도(掛圖, 벽에 걸어 놓고 보는 학습용 그림이나 지도) 부록으로 제작된 포스터로, 당시 먹을 것이 없던 시대에 새로운 식량자원의 개발이 얼마나 절박했는지 보여준다. 여기서 소개한 식량자원에는 해바라기 씨앗, 개구리 뒷다리, 메뚜기, 설탕나무, 밤나무, 면양, 산양, 메추리 등이 있다. (박건호 소장)

진정한 연민이란 감상적이지 않은 창조적인 연민입니다. 이것은 무엇을 원하는지를 분명히 알고 힘이 닿는 한 그리고 그 이상으로 인내심을 가지고 함께 견디며 모든 것을 극복하겠다는 의지를 가진 연민을 말합니다.

역사 컬렉터, 탐정이 되다

빛바랜 물건으로 추적한 한국근현대사

1판 1쇄 발행일 2023년 1월 30일

지은이 박건호

발행인 김학원
발행처 (주)휴머니스트출판그룹
출판등록 제313-2007-000007호(2007년 1월 5일)
주소 (03991) 서울시 마포구 동교로23길 76(연남동)
전화 02-335-4422 **팩스** 02-334-3427
저자·독자 서비스 humanist@humanistbooks.com
홈페이지 www.humanistbooks.com
유튜브 youtube.com/user/humanistma **포스트** post.naver.com/hmcv
페이스북 facebook.com/hmcv2001 **인스타그램** @humanist_insta

편집주간 황서현 **편집** 박나영 신영숙 **디자인** 김태형
조판 홍영사 **용지** 화인페이퍼 **인쇄** 삼조인쇄 **제본** 광현

ISBN 979-11-6080-960-2 03910